Cooky Style

Harriet Hastings
Sarah Moore

Fotos von
Katie Hammond

Danksagung

Dieses Buch ist dank des Talents, der Kreativität und der Fingerfertigkeit einiger wichtiger Menschen entstanden:

Victoria Sawdon, Buchdesignerin, Artdirektorin und Illustratorin – entwirft für Biscuiteers wunderhübsche Blechdosen.

Sarah Moore, Co-Autorin, Plätzchendesignerin und kreative Beraterin.

Marion Piffaut, Produktionsmanagerin – sie überwacht die Plätzchenproduktion und sorgt für einen reibungslosen Ablauf.

Rina Wanti, Ceridwen Olofson und *Belinda Chen* haben für dieses Buch die Plätzchen mit Zuckerguss dekoriert.

Katie Hammond, unsere begnadete Fotografin.

Perry Haydn Taylor, Bill Barlow und die anderen Mitarbeiter der Werbeagentur Big Fish – haben uns stets mit Kreativität, Energie und vielen Geistesblitzen unterstützt. Danke, dass wir so häufig euer Studio benutzen durften!

Stevie Congdon, Chef der Biscuiteer-Produktion, Ehemann, Partner und vierter Biscuiteer.

Kyle Cathie, Judith Hannam und *Vicky Orchard* vom Verlag Kyle Cathie – haben bei der Produktion dieses Buches, auf das wir alle sehr stolz sind, unermüdlichen Einsatz gezeigt.

Und schließlich all die anderen Menschen von Biscuiteers, die unsere Plätzchen backen und dekorieren, die den Papierkram erledigen und natürlich unsere Kunden, ohne die dies alles nicht entstanden wäre.

Die Originalausgabe erschien in England unter dem Titel „Biscuiteers Book of Iced Biscuits". Copyright für die Originalausgabe © Kyle Books, London 2010.

© der englischen Texte: Biscuiteer Baking Company Ltd (www.biscuiteers.com), 2010.

© Design: Kyle Cathie Limited 2010

Fotos: © Katie Hammond, 2010, mit Ausnahme der Abbildungen auf Seite 8, © Edward Hill, und Seite 47, © Peter Cassidy.

4 3 2 1 | 2016 2015 2014 2013

© für die deutsche Ausgabe: Walter Hädecke Verlag, Weil der Stadt 2013.

www.haedecke-verlag.de

Übersetzt aus dem Englischen von Franziska Weyer.
Lektorat der deutschen Ausgabe: Monika Graff
Umschlagentwurf und typographische Gestaltung der deutschen Ausgabe: Julia Graff.
Satz: Arnold & Domnick, Leipzig
gesetzt aus der Archer / Hoefler & Frere-Jones, Satisfaction / E-pherema und Smidgen / House Industries.

ISBN 978-3-7750-0656-9

Printed in China 2013

Inhalt

Einführung

Die Idee zu unserer Plätzchenbäckerei Biscuiteers kam uns an einem Wochenende in New York, wo wir von ganz besonderem Feingebäck inspiriert wurden, wie wir es bei uns zu Hause in England noch nie gesehen hatten. Wir waren sicher, dass wir nicht die einzigen Plätzchenfans sind, sondern dass es viele Menschen gibt, die leidenschaftlich gern Plätzchen essen und daher unsere Geschäftsidee von einem Onlineshop nur dafür begrüßen würden. So beschlossen wir, Plätzchen, die so toll schmecken wie sie aussehen, anzubieten.

Im Frühjahr 2007 begann die heiße Planungsphase von unserer neuen Firma, in der wir jede Menge Plätzchenrezepte in Stevies Catering-Küche ausprobierten und dabei nach und nach unsere eigenen Geschmacksrichtungen für den Teig entwickelten – mit Schokolade, Vanille, und Gewürzmischungen. Von Anfang an verwendeten wir beim Backen nur natürliche Zutaten, die unseren Vorstellungen von Aroma am besten entsprachen. Anschließend planten wir unsere ersten Plätzchen-Themen, erarbeiteten eigene Designs und entwarfen festliche Motive. Von Anfang an wollten wir hübsche und ausgefallene Plätzchen für Erwachsene produzieren und fassten einzelne Motive zu „Kollektionen" zusammen, da sie genau wie die Mode einer jahreszeitlichen Abfolge unterworfen sind. Und mit immer wieder neuen und veränderten Entwürfen möchten wir uns die Neugier unserer Kunden bewahren. Jeder soll unser Gebäck sofort an unserem ganz eigenen Stil wiedererkennen können. Zunächst fertigten wir Papierentwürfe unserer Plätzchen an und verzierten Backpapierschablonen mit Zuckerguss. Dabei mussten wir eine Menge an Anlaufschwierigkeiten überwinden, z. B., wie man den Zuckerguss trocknen lassen konnte, bevor die Plätzchen zu weich wurden, oder wie man das fertige Gebäck in Blechdosen hübsch verpacken konnte, ohne dass es beim Verschicken zerbrach oder krümelte.

Im September 2007 eröffneten wir dann unseren Plätzchen-Onlineshop mit dem Slogan „Warum Blumen verschicken, wenn es leckere Plätzchen gibt?". Die Medien waren sofort begeistert von unserer Geschäftsidee und unseren ersten Kollektionen, die teilweise noch immer zu unseren Bestsellern zählen. Plötzlich hatten wir jede Menge Bestellungen und stellten erschrocken fest, dass wir unmöglich weiter in Stevies Catering-Küche und in seinem Büro campieren konnten. So zogen wir im November 2007 in unsere erste eigene Backstube um.

Biscuiteers wurde schnell bekannt und ab Januar 2008 verkauften wir unser Gebäck auch in der britischen Kaufhauskette Selfridges. Dafür entwickelten wir neben unseren Kollektionen in den Blechdosen auch Plätzchen-Grußkarten, die so erfolgreich wurden, dass wir sie später auch bei Harrods, Fortnum & Mason, Liberty, Fenwick und John Lewis anbieten konnten – alles große Kaufhäuser in Großbritannien. Außerdem verschicken wir unser Gebäck auch ins Ausland.

Das Schöne an den mit Zuckerguss dekorierten Plätzchen ist, dass sie so vielseitig sind. Unsere erfahrenen Designer schaffen es, alle möglichen Logos, Designartikel und Produkte in Keksform umzusetzen. Wir erhalten aufregende Aufträge, wie Plätzchen in Form von Designerhandtaschen zu entwerfen; für den Conran Shop (Design- und Einrichtungshaus) durften wir exklusive Zirkusdosen kreieren. Unsere Plätzchen werden für Pressekonferenzen und Markteinführungen, als Namenskärtchen, Einladungen oder Partygeschenke geordert. Außerdem erfüllen wir natürlich viele private Wünsche für Partys, Hochzeiten, Taufen, Geschenkpartys für werdende Mütter und Geburtstage. Einige unserer Lieblingsentwürfe zu diesen Anlässen stellen wir hier in diesem Buch vor. Es gibt wohl kaum etwas Schöneres, als für gute Freunde eine ganz spezielle Keksdose mit all ihren Lieblingssachen in Plätzchenform zu kreieren!

Unser Geschäft ist in den letzten Jahren stark gewachsen, doch die Teigmischungen und die Zuckergussrezepturen für unser Gebäck sind immer noch die gleichen. All unsere Plätzchen werden von Hand gefertigt und dass es uns noch immer gibt, liegt vermutlich zum Großteil darin begründet, dass wir wie eine Manufaktur nach handwerklichen Küchentechniken arbeiten. Viele unserer Mitarbeiter, die für die Plätzchendekoration zuständig sind, haben genau so viel Spaß wie wir daran, neue Plätzchen zu designen und bereits existierende Entwürfe zu verbessern – sie sind wahre Künstler! Jedes Plätzchen ist ein Unikat und wird von Anfang bis Ende mit Liebe hergestellt. In diesem Buch verraten wir Ihnen einige unserer süßen Geheimnisse, damit auch Sie ganz einfach zu Hause Kekse und Plätzchen backen und dekorieren können, um kleine und große Herzen zu erfreuen. Das Verzieren mit Zuckerguss macht großen Spaß, vor allem, wenn man seinen künstlerischen Ambitionen freien Lauf lässt. Alles ist möglich!

Im Rezeptteil finden Sie detaillierte Anleitungen zu einigen unserer beliebtesten Kreationen, damit Sie Schritt für Schritt lernen, die gleichen Effekte zu erzielen. Am Ende des Buches gibt es auch Hinweise über geeignete Verpackungsmöglichkeiten, damit Sie Familie und Freunde an ihren Backkünsten teilhaben lassen können. Wir hoffen, dass Sie dieses Buch dazu verleitet, ebenfalls eine begeisterte Zuckerbäckerin oder ein begeisterter Zuckerbäcker zu werden!

Backen und Dekorieren

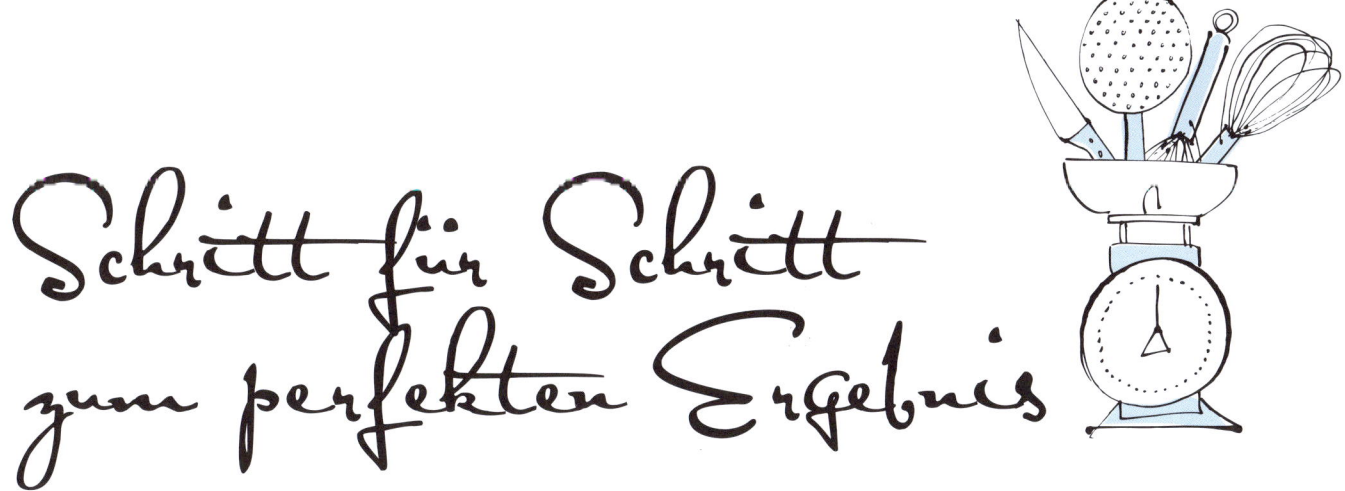

Schritt für Schritt zum perfekten Ergebnis

In unserer Manufaktur arbeiten wir in einer großzügig konzipierten Küche mit jeder Menge Edelstahlarbeitsplätzen, Kühlschränken, praktischen Regalwagen und leistungsstarken Rührmaschinen, mit denen die Teigzubereitung zum reinsten Vergnügen wird. Wir dort täglich Teig und Zuckerguss in großen Mengen von Hand zu. Damit dies bei Ihnen zuhause ebenso leicht gelingt, geben wir hier ein paar Tipps:

PLANUNG UND TIMING: Das Zubereiten der Plätzchen kann recht lange dauern: Den Teig herstellen, ausrollen, kühlen, ausstechen, backen, abkühlen lassen, dann den Zuckerguss anrühren und in Spritzbeutel füllen, Zuckerguss und Verzierungen auftragen usw. Vor allem wenn Kinder mit im Spiel sind, ist es hilfreich, sich vorher einen Plan machen: Zum Beispiel an einem Tag den Teig herstellen und die Plätzchen backen, am nächsten Tag den Zuckerguss anrühren und auftragen. Sämtliche Plätzchen, die nach unseren Teigrezepten (Seiten 33–39) zubereitet werden, halten sich luftdicht verschlossen bis zu einer Woche und auch der Zuckerguss kann im Voraus hergestellt werden, lässt sich jedoch am gleichen Tag am einfachsten verwenden.

AUFRÄUMEN UND SAUBERKEIT: Vor dem Backen stets die Arbeitsfläche aufräumen und säubern sowie ausreichend Platz schaffen, um den Teig bequem ausrollen zu können.

FLECKEN VORBEUGEN: Eine große Schürze und hochgerollte oder kurze Ärmel sind praktisch, um die Kleidung vor Flecken zu schützen. Für den Zuckerguss benutzen wir Farbpulver aus natürlichen Farbstoffen – z. B. von Karotten und Roten Beten – und zudem viele, mittlerweile gut erhältliche essbare Gelfarben (siehe Hinweis auf Seite 157), sodass unsere Schürzen abends aussehen wie eine ganze Farbpalette. Manche Farben hinterlassen Flecken auf der Kleidung, die sich nur sehr schwer wieder auswaschen lassen.

KINDER: Kleine Küchenhelfer beim Backen stets liebevoll beaufsichtigen und immer im Blick haben, damit es nicht zu Unfällen mit Küchenmaschinen, Mixern und heißen Öfen kommt.

RUHEZEITEN: Der Teig muss vor dem Backen ruhen und sollte dabei kalt stehen. Also vor dem Backen ausreichend Platz im Kühlschrank schaffen, damit auch ein ganzes Backblech hineinpasst. Mehrere Backbleche lassen sich gut übereinander stapeln. Auch ein kühler Keller oder Balkon ist da hilfreich.

VORBEREITUNGEN: Vor dem Backen sollte man stets sämtliche Zutaten bereitstellen und die Liste der benötigten Küchenutensilien verinnerlichen, damit man während des Plätzchenbackens keine unliebsamen Überraschungen erlebt. Für Deko-Anfänger eignen sich die einfachen Rezepte beim ersten Mal besser.

ZUTATEN: Beste Qualität der verwendeten Zutaten ist entscheidend für Aroma und Geschmack des Gebäcks.

ÜBUNG MACHT DEN MEISTER: Probieren Sie die Zuckerguss-dekors am besten zunächst auf Backpapier aus, bevor Sie sich an die wertvollen, selbst gebackenen Plätzchen heranwagen. Wer will, kann zum Üben auch gekaufte Kekse dekorieren; dann solche mit glatter Oberfläche wählen.

ABWIEGEN UND MESSEN: Vor dem Backen die Zutatenliste und Anleitung gründlich studieren und darauf achten, dass Sie die angegebenen Mengen exakt einhalten. Beim Einfär-ben des Zuckergusses daran denken, dass Sie zwar stets noch Farbe hinzufügen, aber keine mehr wegnehmen können.

Unsere Plätzchen werden hauptsächlich mit einer Eiweiß-Zucker-Mischung (bei uns „Royal Icing" genannt) dekoriert, für den kräftig aufgeschlagenes Eiweiß mit Puderzucker zu einer glatten, zähflüssigen Masse verrührt wird.

EIWEISS: In den meisten Rezepten wird frisches Eiweiß ver-wendet, wir benutzen jedoch Trockeneiweißpulver (siehe Seite 21 und Hinweis auf Seite 157) bei der Teigherstellung, denn seine Handhabung ist einfach und sicher. Zudem läuft man nicht Gefahr, sich mit Salmonellen zu infizieren, was bei frischen Eiern durchaus vorkommen kann. Die Men-gen können je nach Produkt differieren, daher immer an den Packungsbeschrieb halten. Man kann sogar fertiges Zucker-gusspulver kaufen, das aus Puderzucker und Trockeneiweiß-pulver besteht und nur mit etwas Wasser angerührt werden muss. Oder Sie stellen den Zuckerguss mithilfe von pasteu-risiertem Flüssigeiweiß her. Der Geschmack ist fast gleich, daher sollten Sie die Methode wählen, die für Sie am einfachs-ten und bequemsten ist.

ZUCKERGUSSGLASUREN: Wir verwenden Zuckerguss in unterschiedlicher Konsistenz – eine dicke, glatte Paste zum Aufspritzen von kleinen Details und Rändern (im Folgenden **Spritzglasur** genannt) und eine dünnflüssigere, glänzende Masse zum Auffüllen größerer Flächen (im Folgenden nur **Zuckerguss** genannt). Die **Spritzglasur** ist eine glatte, zähe Paste, die von der Konsistenz an Zahnpasta erinnert. Der **Zuckerguss** sollte gerade so zähflüssig sein, dass er sich aus einem Spritzbeutel herausdrücken lässt und so fest, dass er seine Form perfekt bewahrt. Der Zuckerguss ist hingegen

dünnflüssige und glänzend, er besitzt die Konsistenz fetter Sahne. Er wird zum Auffüllen von Flächen genutzt und am besten mit weichen Dosierflaschen (sogenannten Squeeze bottles; siehe Hinweis auf Seite 157) aufgetragen. Es lohnt sich, ein paar dieser kleinen Spritzflaschen anzuschaffen, da sich der Zuckerguss dank ihrer kleinen spitzen Schraubverschluss-kappen perfekt verteilen lässt.

Die Zubereitung von Guss und Glasur ist keine exakte Wissenschaft! Obwohl wir täglich beides herstellen, gibt es kein hundertprozentiges Rezept, sondern die richtige Konsistenz entsteht häufig am Ende nur durch das Hinzufügen von noch ein paar Tropfen Wasser oder noch etwas Puderzucker.

UTENSILIEN: Zuckerguss und -glasur immer mit absolut sauberen und trockenen Küchenutensilien zubereiten. Selbst winzige Fettrückstände können verhindern, dass sich das Eiweiß optimal aufschlagen lässt oder dass der Zuckerguss die perfekte Konsistenz erhält. Der Zuckerguss lässt sich natürlich auch von Hand rühren, doch mit einem elektrischen Handrührgerät oder in einer Küchenmaschine geht es ungleich schneller. Wer seinen Zuckerguss von Hand herstellen will, sollte die Zutaten in einer Rührschüssel vermischen und mindestens zehn Minuten mit dem Schneebesen aufschlagen, bis eine glänzende, weiße, glatte Paste entsteht.

ZUSÄTZE: Die Zugabe von Farb- und Geschmacksstoffen verändert die Konsistenz von Glasur und Guss. Deshalb möglichst mit einer zähflüssigen Paste beginnen und nach und nach – ganz vorsichtig – ein wenig Wasser, Farbgeber und Geschmacksstoffe dazugeben.

FÜR BESTE ERGEBNISSE: Glasur und Guss stets am Tag ihrer Herstellung weiterverwenden. Sobald sie die gewünschte Farbe und den gewünschten Geschmack haben, schnell mit Klarsichtfolie abdecken und kalt stellen. Im Kühlschrank hält er sich in Spritzbeuteln oder Spritzflaschen bis zu drei Tage, doch bei beiden Zuckergussvarianten trennen sich die Zutaten wieder ein wenig und werden dadurch schwerer zu handhaben.

PLÄTZCHEN TROCKNEN: Wer seine Plätzchen mit Zuckerguss überzogen und mit Spritzglasur, Glitzerzucker und anderem Dekor verziert hat, stellt manchmal fest, dass sie wegen des feuchten Gusses etwas weniger knusprig sind. In unserer Bäckerei schieben wir die verzierten Kekse noch einmal für eine halbe Stunde in einen minimal beheizten Backofen, damit sie ganz und gar durchtrocknen können. Wer will, kann seine Plätzchen also nochmals auf dem Backblech bei 50–70 °C im Ofen trocknen lassen. Die Trocknungszeit richtet sich nach der Menge des aufgetragenen Gusses und der Größe der Plätzchen.

ZU GUTER LETZT: Selbst bei uns werden nicht immer alle Plätzchen so perfekt, wie sie sein sollten! Es lohnt sich also immer, noch ein paar Plätzchen zusätzlich herzustellen und die nicht ganz so perfekten Plätzchen einfach schon während der Arbeit zu naschen.

Der Teig

In unserer Backstube haben wir auf der Suche nach einem köstlichen und einfach herzustellenden Plätzchenteig alle möglichen Rezepte ausprobiert. Die Ergebnisse finden Sie auf den folgenden Seiten. Wir verwenden für den Teig ausschließlich natürliche Zutaten und Aromastoffe.

Zu jeder Plätzchenkollektion empfehlen wir einen bestimmten Teig, aber letztlich ist dies immer nur ein Vorschlag und Sie können z. B. den leckeren Schokoteig (Seite 34) oder eine eigene Teigkreation vorziehen. Der Teig sollte sich jedoch stets leicht ausrollen und ausstechen lassen und gleichmäßig durchbacken. Große Schokostückchen, ganze Rosinen oder Haselnüsse schmecken zwar gut, verhindern jedoch ein exaktes Ausstechen und ein gleichmäßiges Aufspritzen von Glasur und Guss.

NÜTZLICHE TIPPS FÜR DIE TEIGZUBEREITUNG:

- Das Rezept vor dem Backen gründlich lesen.

- Von Zeit zu Zeit die Waage überprüfen und dafür etwas mit definiertem Gewicht auswiegen.

- Sämtliche Zutaten vorher sorgfältig abwiegen.

- Die Butter 15–30 Minuten vor dem Backen (je nach Temperatur in der Küche) aus dem Kühlschrank nehmen, damit sie sich besser kneten lässt.

- Den Teig nicht zu lange kneten, da er sonst hart und spröde wird.

- Den Teig von Hand kneten oder in der Küchenmaschine mit Knethaken zubereiten, jedoch nicht mit dem Schneebesen rühren. Die Küchenmaschine zunächst auf kleinster Stufe einschalten, damit die Küche nicht unter einer Staubwolke aus Mehl verschwindet.

- Die Arbeitsfläche vor dem Ausrollen des Teiges großzügig freiräumen und säubern und mindestens zwei mit Backpapier ausgelegte Backbleche bereithalten.

Teig ausrollen und aufbewahren

Der Teig lässt sich am leichtesten direkt nach der Herstellung ausrollen – dann ist er noch weich und geschmeidig. Wer den Teig im Voraus zubereitet, rollt ihn zu zwei Kugeln, drückt diese flach, stellt sie in Klarsichtfolie eingewickelt in den Kühlschrank und erwärmt den Teig vor dem Ausrollen wieder auf Raumtemperatur. Wird zum Ausrollen Mehl verwendet, wird der Teig härter. Besser ist es, ihn zwischen zwei Lagen Backpapier oder Klarsichtfolie ohne Mehl auszurollen.

UND SO WIRD'S GEMACHT:

- Den Teig halbieren, zu Kugeln rollen und diese flach drücken.

- Den Teig auf einen Bogen Backpapier legen.

- Um den Teig so gleichmäßig wie möglich auszurollen, eignen sich Teigrollen/Wellhölzer, die bei Backutensilien erhältlich sind, oder einfach mit Flaschen improvisieren.

- Den Teig zunächst mit einer Teigrolle oder mit den Händen sanft flachdrücken, danach mit einem zweiten Bogen Backpapier bedecken und dann mit der Teigrolle gleichmäßig ausrollen.

- Sollte das obere Backpapier ab und zu kleine Falten werfen, kann man diese vorsichtig glattstreichen und mit dem Ausrollen fortfahren.

- Den Teig gleichmäßig ca. 2 mm dick ausrollen.

- Den Teig zwischen den Backpapieren auf ein Backblech legen und vor dem Ausstechen mindestens 20–30 Minuten im Kühlschrank ruhen lassen.

- Diesen Vorgang mit dem restlichen Teig wiederholen.

AUSSTECHEN, BACKEN, ABKÜHLEN UND AUFBEWAHREN

Da die Zubereitung dieser Plätzchen so aufwendig und zeitintensiv ist, sollte man jeden Schritt ihrer Herstellung sorgfältig überwachen. Gerade die Backzeit zu Beginn stets im Auge haben, bis man sich an den Ofen und die Rezepte gewöhnt hat.

- Vor dem Ausstechen sämtliche Schablonen und Ausstechformen bereitlegen. Für ein effizientes Arbeiten sollte man die Plätzchen so dicht wie möglich nebeneinander ausstechen. Die Plätzchen nach dem Ausstechen auf ein mit Backpapier ausgelegtes Backblech legen und darauf achten, dass sie nicht zu dicht nebeneinander liegen, da der Teig beim Backen etwas auseinander geht. Überschüssigen Teig erneut ausrollen und ausstechen.

- Den Backofen vor dem Ausstechen auf 175 °C vorheizen.

- Das Backbleche immer auf der mittleren Schiene in den Ofen schieben und je nach Gerät die Plätzchen ca. 15 Minuten backen. Bei Umluft die Temperatur auf 170 °C senken und mehrere Bleche gleichzeitig backen.

- Sobald die Plätzchen gleichmäßig golden sind und anfangen zu duften (bei den Schokoplätzchen auf Seite 34 ist dies schlecht zu erkennen, doch auch sie werden beim Backen etwas dunkler), die Backbleche aus dem Ofen nehmen und die Plätzchen samt Backpapier auf einen Kuchenrost umbetten oder sie einzeln vorsichtig mit einem Pfannenwender vom Backblech herunterheben, da sie noch sehr zerbrechlich und heiß sind.

- Plätzchen zunächst auf einem Kuchengitter vollständig abkühlen lassen, da sie sonst weich werden, wenn man sie sofort in Dosen packt bzw. der Zuckerguss schmilzt, sollte man sie noch warm verzieren wollen.

- Gebackene und vollständig abgekühlten Plätzchen zwischen Lagen aus Backpapier in luftdicht verschließbaren Dosen oder Kunststoffbehältern aufbewahren. Wenn man so lange widerstehen kann, halten sie sich darin bis zu einer Woche.

Royal Icing

Grundrezept für die Eiweiß-Zucker-Glasur

*Rezept mit Trockeneiweiß-
pulver*
180 ml Wasser
1 kg Puderzucker
ca. 30 g Trockeneiweißpulver*

*Rezept mit Zuckergussfertig-
mischung*
150 ml kaltes Wasser
900 g Zuckergussfertig-
mischung für Royal Icing

Rezept mit frischem Eiweiß
4 Eiweiß
800–900 g Puderzucker
(je nach Eiweißgröße)

** Die benötigte Menge des Trocken-
eiweißpulvers kann je nach Hersteller
schwanken. Entsprechende Produkte
sind teilweise auch als „meringue
powder" oder als Hühnereiweiß-
Sprühpulver erhältlich.*

Unsere Plätzchen werden ausschließlich mit *Royal Icing* glasiert und verziert. Vor der Zubereitung sollten sämtliche Zutaten und Farben bereit stehen. Die Küchenutensilien müssen absolut sauber sein und folgende Regeln gilt es bei der Zubereitung zu beachten:

• Die Rezepte werden immer auf die gleiche Art und Weise zubereitet: Zunächst die flüssigen Zutaten in eine fettfreie Schüssel geben und die festen Zutaten einrühren.

• Die trockenen Zutaten fünf Minuten mit dem Schneebesen oder mit einem elektrischen Handrührgerät untermischen oder mit einem Holzlöffel unterrühren (das dauert allerdings länger). Dabei zunächst langsam oder auf kleiner Stufe beginnen, damit der Puderzucker nicht die Küche einnebelt und er sich gut mit der Flüssigkeit verbinden kann.

• So lange rühren, bis eine zähflüssige, glatte, glänzend weiße Paste entsteht, die ungefähr die Konsistenz von Zahnpasta hat.

• Glasur, die nicht sofort benötigt wird, mit Klarsichtfolie bedecken und im Kühlschrank aufbewahren, damit sie nicht eintrocknet.

ÜBEN, ÜBEN ‚ÜBEN

Der richtige Umgang mit Zuckerguss und Spritzglasur will gelernt sein. Zu Beginn haben wir uns manchmal so sehr auf die Tülle des Spritzbeutels konzentriert, dass wir gar nicht gemerkt haben, dass wir dabei aus Versehen die Masse am offenen oberen Ende herausdrückten. Bis heute haben wir pro Backblech immer mindestens ein Plätzchen, das uns nicht ganz gelingt. Dafür ist es tröstlich zu wissen, dass Plätzchen, die etwas aus der Form gelaufen sind oder ungenau verziert wurden, genauso gut schmecken wie der Rest…

Da die Herstellung der Plätzchen viel Zeit und Mühe erfordert, lernen wir neue Bäcker häufig so an, dass wir die Plätzchenschablonen unter Pergament legen. So bekommen sie ein Gefühl für das Verzieren und Bemalen. Auf Seite 31 finden Sie weitere Anregungen für Zuckergussdekorationen auf Backpapier.

Für die meisten unserer Plätzchen verwenden wir eine Kombination aus flächenfüllendem, dünnflüssigem **Zuckerguss** und zähflüssiger **Spritzglasur** für feine Linien und winzige Details.

Einfach die dünn- oder dickflüssigen Massen in den gewünschten Farben in die Spritzbeutel füllen und das Dekorieren kann beginnen!

Guss und Glasur vorbereiten und einfärben

Nach der Zubereitung des Grundrezepts für das *Royal Icing* (Seite 21) lässt sich daraus eine ganze Guss- und Glasurfarbpalette herstellen. Doch zunächst muss noch der flüssige Zuckerguss angerührt werden, danach können die Farben vorbereitet werden. Dafür können Sie sich an die in den Rezepten vorgegebenen Farben halten oder eine eigene Farbpalette zusammenstellen.

In unserer Backstube verwenden wir Farbpulver auf pflanzlicher Basis, die z. B. aus Möhren, Roten Beten, Spinat oder Rotkohl hergestellt werden, aber für das Backen zu Hause gibt es einfachere Möglichkeiten.

Für einfache Dekorationen reichen die Lebensmittelfarben aus dem Supermarkt aus, doch wer sein Farbspektrum erweitern will, sollte vor allem für intensive Farben wie Rot und Schwarz Lebensmittelfarben in Gelform wählen. Diese Gelfarben gibt es im Konditoreifachbedarf oder in Onlineshops. Mit ihrer Hilfe kann man Farben ganz nach dem persönlichen Bedarf mischen.

Für fast alle Plätzchen verwenden wir die auf Seite 21 beschriebene Eiweiß-Zucker-Mischung – flüssigen **Zuckerguss** für die Flächen und festere **Spritzglasur** für feine Linien (siehe gegenüberliegende Seite). Für die meisten unserer Plätzchen-Kollektionen benötigt man ein Drittel Spritzglasur und zwei Drittel flüssigen Zuckerguss. Es gibt jedoch Ausnahmen, daher bitte die Rezepte vor Beginn gründlich durchlesen. Am besten bewahrt man immer etwas ungefärbte Glasur von beiden Sorten auf, um eventuell noch eine weitere Farbe anrühren zu können.

Spritzglasur

- Die benötigten Farben bereitstellen und die Spritzglasur entsprechend aufteilen. Dafür mit einem Löffel jeweils etwas Zuckerguss in saubere kleine Gefäße geben (Schüsselchen, Tassen, kleine Becher, usw.).

- Beim Einfärben mit Gelfarben jeweils eine winzige Menge Gel auf die Spitze eines kleinen Holzspießes geben und das Gel solange in den Zuckerguss einrühren, bis er komplett durchgefärbt ist. Nach Bedarf mehr Gel (immer in kleinen Mengen) hinzufügen und gründlich in die Glasur einrühren, bis sie die gewünschte Farbschattierung erreicht hat.

- Die fertige Glasur mit Klarsichtfolie bedecken und bis zur weiteren Verwendung kalt stellen, damit er nicht austrocknet. Das Einfärben dauert recht lange, aber es lohnt sich.

Flüssige Lebensmittelfarbe ist längst nicht so intensiv wie Gelfarbe, dennoch sollte sie stets nur tropfenweise in den Guss und Glasur eingerührt werden. Sie eignet sich gut für Pastellfarben, da sie weniger intensiv als Gelfarbe färbt. Je nach Menge an flüssiger Farbe eventuell noch etwas Puderzucker unterrühren, damit die Spritzglasur die gewünschte Konsistenz behält.

Wer will, kann der Glasur zusätzlich noch natürliche Aromastoffe beimischen, allerdings sollte sie dabei möglichst glatt bleiben und ihre Konsistenz behalten. Je nach Aroma verhält sich die Zuckergussglasur vielleicht etwas anders und ist weniger lange haltbar. Geeignet sind z. B. Kaffee, Kakaopulver, fein pürierte und passierte Him-, schwarze Johannis- oder Brombeeren, Zitronen- oder Orangenschalenpulver.

Zuckerguss

Den Rest des Royal-Icing-Grundrezepts für den flüssigeren Zuckerguss verwenden:

- Die dickflüssige Paste in eine Schüssel geben und langsam kleine Mengen Wasser dazugeben (jeweils nur ein paar Tropfen), bis eine glatte, gerade gießbare Masse von der Konsistenz einer dicken Vanillesauce entsteht.

- Den flüssigen Zuckerguss einfärben und dafür zunächst festlegen, wie viele Farben benötigt werden. Den Zuckerguss aufteilen und etwas ungefärbten Zuckerguss auf die Seite stellen, um später eventuell eine Farbe verlängern zu können.

- Fertig eingefärbten Zuckerguss jeweils sofort mit Klarsichtfolie bedecken und in den Kühlschrank stellen, damit er an den Rändern nicht hart wird.

Für unsere Plätzchen-Kollektionen verwenden wir hauptsächlich folgende Farben:
Oberste Reihe: Amethyst, Mintgrün, Hellblau, Azurblau, Tannengrün, Khaki, Braun
Zweite Reihe: Violett, Flieder, Schieferblau, Marine, Dunkelgrün, Erbsengrün, Limonengrün

Dritte Reihe: Elfenbein, Lavendel, Fraise, Enzianblau, Magenta, Fuchsia, Hellgelb, Schwarz
Untere Reihe: Weiß, Rosa, Pink, Rot, Orange, Senfgelb, Maisgelb

Spritzbeutel und Dosierflaschen

Nun kann die fertige Spritzglasur in die unterschiedlichen Spritzbeutel gefüllt werden.

Wieder verwendbare, baumwollbeschichtete Spritzbeutel mit verschiedenen Tüllen und Aufsätzen. Stoffbeutel nehmen schnell die Farbe des Zuckergusses an. Ideal sind kleine Spritzbeutel, da man meistens nur ein paar Löffel Zuckerguss oder Spritzglasur pro Farbe benötigt. Spritzbeutel aus beschichtetem Material (Konditoreibedarf) lassen sich leicht reinigen.

Einweg-Spritzbeutel aus Papier, die man auch aus Pergament selbst falten und mit oder ohne Tülle verwenden kann, sind bei geübten Zuckerbäckern meist das Mittel der Wahl. Spritzbeutel aus Papier lassen sich aus beschichtetem Pergamentpapier ganz einfach selbst falten. Einfach den oberen Rand wie auf dem Bild umklappen oder mit etwas Tesafilm verstärken.

Einweg-Spritzbeutel aus Plastik sind besonders praktisch, weil man in ihnen Guss und Glasur im Kühlschrank lagern kann. Man kann sie ohne Tülle verwenden und sieht sofort, mit welcher Farbe sie gefüllt sind.

Tüllen sind kleine Hütchen aus Kunststoff oder Metall, die man unten auf den Spritzbeutel aufsetzen kann, um die Menge oder die Form der Spritzglasur beim Herausdrücken zu verändern. Sie werden hauptsächlich in Kombination mit Baumwollspritzbeuteln verwendet. Meist steckt man ein etwas größeres Hütchen in den Beutel, um daran von außen die entsprechende Tülle zu befestigen.
Wer Spritzbeutel aus Papier oder aus Plastik verwendet, kann am unteren Ende einfach ein winziges Stück abschneiden, um auch ohne Tülle feine Linien ziehen zu können. Wer Linien in verschiedenen Mustern ziehen will, kann alternativ 1 cm abschneiden und entsprechende Tüllen verwenden.

DIE SPRITZBEUTEL FÜLLEN

- Einen Spritzbeutel wählen und je nach Bedarf eine Tülle hineinstecken.

- Den Spritzbeutel aufrecht in ein entsprechendes Gefäß stellen (Marmeladenglas, Becher usw.)

- Mit einem Löffel vorsichtig etwas Zuckerguss oder Spritzglasur in den Beutel füllen. Nicht zu viel hineingeben, denn die Beutel lassen sich leicht nachfüllen. Mit einem Spatel restliche Glasur und Guss aus der Schüssel kratzen.

- Den höchstens zu zwei Dritteln gefüllten Beutel hochheben und den Guss oder die Glasur nach unten drücken. Beutel dabei oben zudrehen oder mit einer Klammer (z. B. Klammern zum Verschließen von Gefrierbeuteln) oder einem Gummiband verschließen. Papierbeutel lassen sich oben gut einrollen oder zusammenfalten.

- Wer keine Tülle verwendet, schneidet erst jetzt eine kleine Öffnung in das untere Ende des Spritzbeutels, indem ein winziges Stück des Beutels gerade abgeschnitten wird. Schräg angeschnittene Beutel führen zu ovalen, statt runden Glasurlinien.

DOSIERFLASCHEN

Dosierflaschen beziehungsweise Spritzflaschen aus Kunststoff (Squeeze Bottles) sind z. B. im Konditoreifachhandel erhältlich. Am besten schafft man sich mehrere dieser praktischen Fläschchen an, damit man sie zwischendurch nicht immer reinigen muss. Es gibt sie in verschiedenen Größen, doch meist reichen für den Zuckerguss kleine Spritzflaschen. Häufig dient der Deckel der Spritzflaschen als einfache Tülle. Der Vorteil hierbei ist, dass die Flaschen aufrecht stehen und der Zuckerguss nicht ausläuft. Außerdem kann man die Flaschen problemlos zwischendurch in den Kühlschrank stellen, damit der Guss nicht austrocknet, vor allem lässt sich mit ihnen Zuckerguss gut dosieren.

- Die Spritzflaschen vorsichtig füllen und dafür einen Spatel benutzen, damit der Zuckerguss gleichmäßig hineinfließt.

- Die Tüllen auf den Flaschen befestigen oder das kleine flexible Spritzrohr aufschneiden, damit der Zuckerguss in der gewünschten Menge herausgedrückt werden kann.

Linien ziehen: Spritzbeutel mit beiden Händen halten. Mit der oberen Hand vorsichtig Spritzglasur aus dem unteren Beutelende herausdrücken und mit der anderen Hand den Beutel etwas lenken. Beutelspitze dabei direkt über dem Plätzchen führen, dieses aber nicht berühren. Glasur gleichmäßig herausdrücken, damit feine Linien entstehen. Hört der Druck auf den Spritzbeutel auf, beendet oder unterbricht man damit die Linie.

Umrandungen: Flächen zunächst mit einer dünnen Linie Spritzglasur lückenlos umranden, damit der Zuckerguss nicht überläuft. Als Anfänger oder beim Backen mit Kindern zunächst eine etwas größere Tülle wählen oder eine etwas größere Öffnung in den Spritzbeutel schneiden. Vor dem Auffüllen der Fläche die Umrandung etwa 5 Minuten trocknen lassen.

Flächen füllen: Größere Flächen mit Zuckerguss aus Spritzflaschen füllen, für kleine Flächen oder Details einen Spritzbeutel verwenden. Dabei stets darauf achten, dass der Zuckerguss nicht an beiden Enden herausquillt. Bei einfachen Mustern kann der Guss auch mit einem Löffelchen auf das Plätzchen gegeben und mit einem kleinen Holzstab verteilt werden. Die Plätzchen anschließend unbedingt noch einmal zum Trocknen in den Ofen stellen (siehe Seite 15).

Flüssiger Guss auf flüssigem Guss: So lassen sich Plätzchen z. B. mit Tupfern, Streifen und Blumen verzieren. Die aufgespritzte feste Umrandung knapp mit flüssigem Zuckerguss füllen und sofort mit einem andersfarbigen Zuckerguss die gewünschten Muster aufbringen. Wer aus Versehen so viel Zuckerguss aufträgt, dass die Umrandung bricht, isst das Plätzchen am besten gleich auf. Plätzchen nacheinander einfärben, damit der erste Zuckerguss immer so feucht ist, dass der zweite hineinlaufen kann.

Linien auf flüssigem Zuckerguss: Eine perfekte Methode, um mit Spritzglasur noch kleine Details hinzuzufügen. Dazu muss der flüssige Zuckerguss allerdings bereits richtig trocken sein.

Glitzerzucker und Streudekor: Im Handel sind vielerlei Glitzerzucker und essbares glitzerndes Streudekor erhältlich. Jedoch gilt hier die Regel: weniger ist mehr! Da der Glitzerzucker nur auf feuchtem Zuckerguss klebt, die glasierten Plätzchen vollständig trocknen lassen. Dann erst gezielt frische Glasurlinien ziehen oder noch etwas Zuckerguss auf die Stellen geben, die glitzern sollen.

Zuckerperlen und Zuckerdekor: Vorgefertigtes Zuckerdekor einfach auf den feuchten Zuckerguss legen und eventuell leicht andrücken oder z. B. Zuckerperlen mit einem winzigen Tropfen Zuckerguss ankleben.

Schrift: Beschriftungen oder feine Details mit Spritzglasur (kleinste Tülle Nr.1) auftragen oder nur eine winzige Öffnung in den Spritzbeutel schneiden. Eventuell den Namen oder die Botschaft vorher in der gewünschten Größe mit Hilfe des Computers ausdrucken, Pergamentpapier darüber legen und so das Schreiben mit Zuckerguss üben. Für große Buchstaben flüssigen Zuckerguss verwenden.

Farbpulver und Glitzerpulver: Mit lebensmittelechtem Farbpulver lässt sich bereits getrockneter Zuckerguss noch bepinseln, um z. B. Schattierungen oder einen Metallglanz auf das Plätzchen zu zaubern.

Glasurtupfer: Den Spritzbeutel genau über die Stelle halten, die betupft werden soll, Spritzglasur vorsichtig in der gewünschten Menge herausdrücken und dabei den Beutel leicht nach oben drehen, damit der Tropfen herabfallen kann.

Tüllen: Es gibt die verschiedensten Tüllen und Aufsätze, um mit Glasur Girlanden, Blüten, Blätter usw. auftragen zu können. Eine Tülle mit sternförmiger Öffnung eignet sich z. B. hervorragend für Girlanden. Auch mit Einweg-Spritzbeuteln lassen sich verschiedene Effekte erzielen, wenn man die Spitze unten nicht gerade sondern z. B. schräg oder v-förmig abschneidet. Experimentieren Sie einfach mit verschiedenen Tüllen und Spritzbeutelspitzen.

Zuckerdeko: Wer noch farbige Glasur oder Guss übrig hat, kann verschiedene Formen, z. B. winzige Blumen, Buchstaben oder Schmetterlinge und andere kleine Tiere auf Pergamentpapier spritzen. Entweder an der Luft oder 30 Minuten im Ofen trocknen lassen (siehe Seite 15). Die kleinen Zuckerdekostückchen sehr vorsichtig vom Pergamentpapier lösen. Luftdicht verpackt halten sie sich bis zu einem Monat. Auch zum Verzieren von Muffins, Cupcakes und Torten eignen sie sich.

Einfacher Plätzchenteig

Dieses Grundrezept lässt sich nach Herzenslust variieren. Hier finden Sie verschiedene Vorschläge, einen Teig ganz nach Ihrem persönlichen Geschmack herzustellen.

für ca. 50 Plätzchen

400 g Mehl (Type 405)
1 ½ TL Backpulver oder
Weinsteinbackpulver
125 g feiner Zucker
1 Prise Salz
125 g Butter, in Würfel
geschnitten
2 Eier (Größe M), verquirlt

1. Das Mehl und das Backpulver sieben und in einer Schüssel mit dem Zucker vermischen.

2. Butter dazugeben und die Mischung mit den Fingerspitzen zu feinen Streuseln verarbeiten.

3. Sobald die Butter gleichmäßig untergemischt ist, in der Mitte eine Mulde formen und die Eier hineingeben.

4. Die Mischung kurz kneten, Mehlrückstände einarbeiten. Sobald er sich vom Schüsselrand löst, ist der Teig fertig.

5. Den Teig zu einer Kugel formen, auf eine saubere Arbeitsfläche geben, halbieren und beide Hälften gleichmäßig platt drücken. Den Teig entweder mit Klarsichtfolie umwickelt kalt stellen oder sofort zwischen zwei Lagen Backpapier 2 mm dick ausrollen (siehe Seiten 18 19).

6. Den Teig nach Anleitung auf Seite 19 ausstechen, auf zwei mit Backpapier belegten Blechen ca. 15 Minuten backen, abkühlen lassen und aufbewahren.

TEIGVARIATIONEN

Wer gerne mit Aromen experimentiert, sollte bedenken, dass sich der Teig glatt ausrollen und die Plätzchen nach dem Backen mit Zuckerguss dekorieren lassen müssen. Dicke Schoko- oder Haselnussstückchen sind also ungeeignet. Die Zutaten müssen gründlich zerkleinert werden, bevor sie unter den Teig gemischt werden. Getrocknete Zutaten mit Mehl und Zucker mischen, feuchte Zutaten mit den Eiern dazugeben.

Muskat: ½ EL fein geriebene Muskatnuss zugeben.

Ingwer: 1 EL Ingwerpulver und nach Geschmack sehr klein gewürfelten kandierten Ingwer untermischen.

Zitrone: Fein abgeriebene Schale von zwei unbehandelten Bio-Zitronen untermischen.

Orange: Fein abgeriebene Schale von zwei unbehandelten Bio-Orangen und nach Geschmack etwas fein geriebene Orangenschokolade untermischen.

Zimt und Orange: Fein abgeriebene Schale von zwei unbehandelten Bio-Orangen und ½ EL Zimtpulver zugeben.

Kaffee: 3 EL Instant-Kaffee in 1 EL Wasser auflösen und untermischen oder 3 EL abgekühlten Espresso verwenden.

Kardamom: 8 getrocknete Kardamomkapseln zerstoßen. Die kleinen Samen im Mörser zerstoßen und untermischen.

100% natürliche ätherische Öle / Essenzen: Ein Tropfen genügt, um den Grundteig zu aromatisieren. Es gibt dafür ätherische Öle mit Lebensmittelzulassung. Mandel- oder Vanilleessenz sind auch möglich.

Schokoplätzchen

Einer unserer Klassiker! Die Plätzchen haben eine leicht teigige Konsistenz und ihr intensiver, bitterschokoladiger Geschmack harmoniert hervorragend mit dem süßen Zuckerguss.

für ca. 50 Plätzchen

375 g Mehl
1 ½ TL Backpulver oder
Weinsteinbackpulver
75 g hochwertiges Kakaopulver
125 g feiner Zucker
1 Prise Salz
125 g Butter, in Würfel
geschnitten
2 Eier (Größe M), verquirlt

1. Mehl, Backpulver und Kakaopulver sieben und in einer Schüssel mit dem Zucker vermischen.

2. Butter dazugeben und die Mischung mit den Fingerspitzen zu feinen Streuseln verarbeiten.

3. Sobald die Butter gleichmäßig untergemischt ist, in der Mitte eine Mulde formen und die Eier hineingeben.

4. Die Mischung kurz kneten, Mehlrückstände einarbeiten. Sobald er sich vom Schüsselrand löst, ist der Teig fertig.

5. Den Teig zu einer Kugel formen, auf eine saubere Arbeitsfläche geben, halbieren und beide Hälften gleichmäßig platt drücken. Den Teig entweder mit Klarsichtfolie umwickelt kalt stellen oder sofort zwischen zwei Lagen Backpapier 2 mm dick ausrollen (siehe Seiten 18–19).

6. Den Teig nach Anleitung auf Seite 19 ausstechen, auf zwei mit Backpapier belegten Blechen ca. 15 Minuten backen, abkühlen lassen und aufbewahren.

TEIGVARIATIONEN

Orange: Schokolade und Orange harmonieren perfekt. Daher können Sie zusätzlich die Schale von zwei unbehandelten Bio-Orangen sehr fein reiben und mit den Eiern unter den Teig mischen. Alternativ etwas Schokolade mit Orangengeschmack fein reiben und unter den Teig mischen.

Vanilleplätzchen

Echte Vanille schenkt den Plätzchen einen besonders edlen Geschmack. Wir verwenden Madagaskar-Vanille, aber Bourbon- oder Tahiti-Vanillestangen sind auch gut. Alternativ ein paar Tropfen echte Vanilleessenz oder eine Prise echtes Vanillepulver untermischen.

für ca. 50 Plätzchen

½ Vanillestange oder
½ TL Vanilleessenz
400 g Mehl
1½ TL Backpulver oder
Weinsteinbackpulver
125 g feiner Zucker
1 Prise Salz
125 g Butter, in Würfel
geschnitten
2 Eier (Größe M), verquirlt

1. Vanillestange aufschlitzen, Mark herauskratzen und unter den Zucker mischen. Oder Vanilleessenz unter die verquirlten Eier mischen.

2. Mehl und Backpulver sieben, in einer Schüssel mit Vanillezucker vermischen.

3. Butter dazugeben und die Mischung mit den Fingerspitzen zu feinen Streuseln verarbeiten.

4. Eine Mulde in der Mitte der Butterstreusel formen, Eier hineingeben.

5. Mischung kurz kneten, Mehlrückstände einarbeiten. Sobald er sich vom Schüsselrand löst, ist der Teig fertig.

6. Teig zu einer Kugel formen, auf eine saubere Arbeitsfläche geben, halbieren. Beide Hälften gleichmäßig platt drücken. Teig entweder mit Klarsichtfolie umwickelt kalt stellen oder zwischen zwei Lagen Backpapier 2 mm dick ausrollen (siehe Seiten 18–19).

7. Teig nach Anleitung auf Seite 19 ausstechen, auf zwei mit Backpapier belegten Blechen ca. 15 Minuten backen, abkühlen lassen und aufbewahren.

Tipp: Ausgekratzte Vanillestange in ein Glas mit Zucker geben.

Kokosnussplätzchen

Ein Rezept für Plätzchen, die wunderbar nach Kokosnuss duften und etwas knuspriger sind.

für ca. 50 Plätzchen

400 g Mehl
1 TL Backpulver oder
Weinsteinbackpulver
125 g feiner Zucker
75 g feine, getrocknete
Kokosnussraspel
1 Prise Salz
125 g Butter, in Würfel
geschnitten
2 Eier (Größe M), verquirlt

1. Mehl und Backpulver sieben und in einer Schüssel mit Zucker und Kokosnussraspeln vermischen.

2. Butter dazugeben und die Mischung mit den Fingerspitzen zu feinen Streuseln verarbeiten.

3. Eine Mulde in der Mitte der Butterstreusel formen, Eier hineingeben.

4. Die Mischung kurz kneten, Mehlrückstände einarbeiten. Sobald er sich vom Schüsselrand löst, ist der Teig fertig.

5. Den Teig zu einer Kugel formen, auf eine saubere Arbeitsfläche geben, halbieren und beide Hälften gleichmäßig platt drücken. Den Teig entweder mit Klarsichtfolie umwickelt kalt stellen oder sofort zwischen zwei Lagen Backpapier 2 mm dick ausrollen (siehe dazu Seiten 18–19).

6. Den Teig nach der Anleitung auf Seite 19 ausstechen, auf zwei mit Backpapier belegten Blechen ca. 15 Minuten backen, abkühlen lassen und aufbewahren.

Einfache Butterplätzchen

Diese zart buttrigen Plätzchen eignen sich zum Beispiel wunderbar für die Muttertagsplätzchen (siehe Seite 55). Da sie etwas mürber sind als die anderen Plätzchen, müssen sie besonders vorsichtig behandelt und transportiert werden. Noch feiner schmecken sie, wenn die Mehlmenge halbiert und die andere Hälfte durch fein geriebene Mandeln ersetzt wird.

für ca. 50 Plätzchen

500 g Mehl
2 TL Backpulver oder Weinsteinbackpulver
180 g feiner Zucker
1 Prise Salz
250 g Butter, in Würfel geschnitten
2 große Eier, verquirlt
evtl. etwas Milch

1. Mehl und Backpulver sieben, in einer Schüssel mit Zucker und Salz vermischen.

2. Die Butter zugeben und die Mischung mit den Fingerspitzen zu feinen Streuseln verarbeiten.

3. Eine Mulde in der Mitte der Butterstreusel formen, Eier hineingeben.

4. Die Mischung kurz kneten, Mehlrückstände einarbeiten. Sobald er sich vom Schüsselrand löst, ist der Teig fertig.

5. Den Teig zu einer Kugel formen, auf eine saubere Arbeitsfläche geben, halbieren und beide Hälften gleichmäßig platt drücken. Den Teig entweder mit Klarsichtfolie umwickelt kalt stellen oder sofort zwischen zwei Lagen Backpapier 2 mm dick ausrollen (siehe Seiten 18–19).

6. Teig nach Anleitung auf Seite 19 ausstechen, auf zwei mit Backpapier belegten Blechen ca. 15 Minuten backen, abkühlen lassen und aufbewahren.

Mandel- oder Haselnussplätzchen

Plätzchen, die wunderbar zu fruchtigen Cremes passen. Dank ihres feinen Nussgeschmacks möchte man sie am liebsten gleich ohne Zuckerguss vernaschen.

für ca. 50 Plätzchen

350 g Mehl
125 g feiner Zucker
1 Prise Salz
125 g Butter, in Würfel geschnitten
2 Eier (Größe M), verquirlt
100 g fein geriebene Mandeln oder fein geriebene, geröstete Haselnüsse

1. Mehl und Backpulver sieben, in einer Schüssel mit Zucker und Salz vermischen.

2. Butter dazugeben und die Mischung mit den Fingerspitzen zu feinen Streuseln verarbeiten.

3. Mandeln bzw. Haselnüsse gut unter die Butterstreusel heben. In deren Mitte eine Mulde formen, Eier hineingeben.

4. Die Mischung kurz kneten, Mehlrückstände einarbeiten. Sobald er sich vom Schüsselrand löst, ist der Teig fertig.

5. Den Teig zu einer Kugel formen, auf eine saubere Arbeitsfläche geben, halbieren und beide Hälften gleichmäßig platt drücken. Den Teig entweder mit Klarsichtfolie umwickelt kalt stellen oder sofort zwischen zwei Lagen Backpapier 2 mm dick ausrollen (siehe Seiten 18–19).

6. Den Teig nach der Anleitung auf Seite 19 ausstechen, auf zwei mit Backpapier belegten Blechen ca. 15 Minuten backen, abkühlen lassen und aufbewahren.

Glutenfreie Schokoplätzchen

Die Plätzchen sind etwas mürber und müssen nach dem Dekorieren ausgiebig trocknen, da sie sonst unter der Zuckergussglasur schnell weich werden. Auch die Farben und weiteren Zutaten müssen glutenfrei sein.

für ca. 50 Plätzchen

250 g glutenfreies Mehl
1 Prise Salz
100 g Zucker
100 g Butter
100 g dunkle Schokolade

1. Mehl, Salz und Zucker in einer Schüssel vermischen.

2. Schokolade mit der Butter über dem Wasserbad schmelzen, über die trockenen Zutaten gießen.

3. Alles mit den Fingerspitzen vorsichtig mischen, bis ein formbarer Teig entsteht.

4. Teig zur Kugel formen, auf eine saubere Arbeitsfläche geben, halbieren und beide Hälften gleichmäßig platt drücken. Teig entweder mit Klarsichtfolie umwickelt kalt stellen oder zwischen zwei Lagen Backpapier 2 mm dick ausrollen (siehe Seiten 18–19).

5. Teig nach Anleitung auf Seite 19 ausstechen, auf zwei mit Backpapier belegten Blechen ca. 15 Minuten backen, abkühlen lassen und aufbewahren.

Haferflockenplätzchen

Ein australisches Rezept mit einer köstlichen knusprigen Konsistenz. Plätzchen nach dem Dekorieren sorgfältig trocknen, damit sie nicht weich werden.

für ca. 50 Plätzchen

250 g Mehl
½ TL Backpulver oder Weinsteinbackpulver
100 g fein gemahlene Haferflocken
100 g feine Kokosnussraspel
150 g feiner Zucker
175 g Butter, in Würfel geschnitten
1 EL Zuckersirup oder Rübenkraut
2 Eier (Größe M), verquirlt

1. Mehl und Backpulver sieben, in einer Schüssel mit Kokosnussraspeln, Haferflocken und Zucker mischen.

2. Butter dazugeben, die Mischung mit den Fingerspitzen zu feinen Streuseln verarbeiten.

3. Eine Mulde in der Mitte der Butterstreusel formen, Eier und Sirup hineingeben.

4. Die Mischung kurz kneten, Mehlrückstände einarbeiten. Sobald er sich vom Schüsselrand löst, ist der Teig fertig.

5. Teig zu einer Kugel formen, auf eine saubere Arbeitsfläche geben, halbieren und beide Hälften gleichmäßig platt drücken. Teig entweder mit Klarsichtfolie umwickelt kalt stellen oder zwischen zwei Lagen Backpapier 2 mm dick ausrollen (siehe Seiten 18–19).

6. Teig nach Anleitung auf Seite 19 ausstechen, auf zwei mit Backpapier belegten Blechen ca. 15 Minuten backen, abkühlen lassen und aufbewahren.

Erdnussbutter-Plätzchen

Dank Erdnussbutter werden die Plätzchen besonders gehaltvoll und aromatisch. Mit grober Erdnussbutter werden sie etwas knuspriger, die Oberfläche lässt sich aber schlechter verzieren. Da Viele auf Erdnüsse allergisch reagieren, sollten Sie Ihre Gäste vorher darauf hinweisen.

für ca. 50 Plätzchen

250 g Mehl
100 g Rohrohrzucker
½ TL Backpulver
1 Prise Salz
65 g Butter, in Würfel geschnitten
65 g Zuckersirup oder Rübenkraut
2 Eier (Größe M), verquirlt
1–2 EL Milch
65 g Erdnussbutter

1. Mehl, Zucker und Backpulver sieben, in einer Schüssel gut vermischen.

2. Butter dazugeben, die Mischung mit den Fingerspitzen zu feinen Streuseln verarbeiten.

3. Separat die Eier mit Sirup, Milch und Erdnussbutter verrühren.

4. In die Mehlmischung eine Mulde drücken, Eiermischung hineingießen. Alles zu einem weichen Teig verkneten, gegebenenfalls mehr Milch dazugeben.

5. Teig zur Kugel formen, auf eine saubere Arbeitsfläche geben, halbieren und beide Hälften gleichmäßig platt drücken. Teig entweder mit Klarsichtfolie umwickelt kalt stellen oder zwischen zwei Lagen Backpapier 2 mm dick ausrollen (siehe Seiten 18–19)

6. Teig nach Anleitung auf Seite 19 ausstechen, auf zwei mit Backpapier belegten Blechen ca. 15 Minuten backen, abkühlen lassen und aufbewahren.

Spekulatius-Plätzchen

Dank der entsprechenden Gewürze eignet sich dieses Rezept hervorragend für die Weihnachtsbaum-Kollektion oder den Tannenbaum (siehe Seiten 45–49).

für ca. 50 Plätzchen

200 g Mehl
½ TL Backpulver
½ TL Ingwerpulver
½ TL Zimtpulver
½ TL Spekulatiusgewürz
50 g dunkler Vollrohrzucker
50 g dunkler Rübensirup

1. Mehl, Backpulver und Gewürze sieben, in einer Schüssel mit dem Zucker vermischen.

2. Butter dazugeben, die Mischung mit den Fingerspitzen zu feinen Streuseln verarbeiten.

3. Eine Mulde in der Mitte der Butterstreusel formen, Sirup hineingeben und so lange untermischen, bis der dunkle Sirup im Teig keine Streifen mehr hinterlässt, sondern der Teig gleichmäßig durchgefärbt ist.

4. Teig zur Kugel formen, auf eine saubere Arbeitsfläche geben, halbieren und beide Hälften gleichmäßig platt drücken. Teig entweder mit Klarsichtfolie umwickelt kalt stellen oder zwischen zwei Lagen Backpapier 2 mm dick ausrollen (siehe S. 18–19).

5. Teig nach Anleitung auf Seite 19 ausstechen, auf zwei mit Backpapier belegten Blechen ca. 15 Minuten backen, abkühlen lassen und aufbewahren.

Jahreszeiten und Feste

Traditionelle Advents-kollektion

Für die 24 Adventskalender-Plätzchen lassen Sie sich einfach von traditionellen weihnachtlichen Motiven inspirieren. Wer will, kann sich hier nach Herzenslust mit Glitzer, essbaren Schneeflocken, winzigen Zuckerperlen, Goldfolie oder glänzenden Farbpudern austoben. Die fertigen Plätzchen entweder in winzigen Söckchen, Geschenkpapier oder in einem selbstgenähten Adventskalender verpacken (siehe Abbildung).

Weihnachtszauber

Diese glitzernde Winterkollektion ist beliebt bei Groß und Klein. Plätzchen mit weißem Zuckerguss eignen sich für kurze Wünsche oder als Tischkärtchen mit Namen für die Festtafel.

Formen
Tannenbaum, Rentier
Schneeflocke, Schneemann
Socken, Schlitten

Rezepte
1 Grundrezept Plätzchen
mit Orange und Zimt
(Seite 33) ausreichend z. B.
für 4 Socken, 5 Rentiere,
2 Schlitten, 3 Schneemän-
ner und 1 großen Weih-
nachtsbaum
1 Grundrezept Royal Icing
(Seite 21)

Spritzglasur
Dunkelgrün, Rot
Weiß, Schwarz und Braun

Zuckerguss
Hellblau und Weiß

Deko
silberne und goldene Mini-
Zuckerperlen
silberner Glitzerzucker

TANNENBAUM

Baumstamm mit brauner Spritzglasur aufmalen, Zweige mit dunkelgrüner Spritzglasur von oben nach unten ausfüllen und
fünf Minuten trocknen lassen. Mit weißem
Zuckerguss „Schnee" auf den Zweigen auf-
bringe. Die noch feuchte Plätzchenoberfläche
mit etwas Silberglitzer bestreuen. Baum nach
Geschmack mit Minizuckerperlen in Gold
und Silber verzieren.

RENTIERE

Kopf, Körper und Beine der Rentiere
sorgfältig mit weißer Spritzglasur umranden und fünf Minuten
trocknen lassen. Fläche mit weißem Zuckerguss auffüllen, trocknen lassen. Schwarze Augen
und rote Nasen mit Spritzglasur
aufbringen. Geweih mit brauner
Glasur dekorieren.

SCHNEEFLOCKEN

Schneeflocken mit weißer Spritzglasur umranden, trocknen lassen.
Flächen mit weißem Zuckerguss auffüllen, trocknen lassen. Details mit weißer
Spritzglasur und Glitzer auftragen.

SCHNEEMANN

Schwarzen Hut mit Spritzglasur ausmalen,
Kopf und Körper mit weißer Spritzglasur
umranden, fünf Minuten trocknen lassen.
Mit weißem Zuckerguss auffüllen, Luftbläs-
chen mit einem Zahnstocher aufstechen.
Schal n den gewünschten Farben mit Spritz-
glasur auftragen, rote Möhrennase, schwarze
Augen und Knöpfe aufmalen. Hut mit einem

Ilexzweig
oder kleinen
Spatz deko-
rieren.

SOCKEN

Socken mit weißer Spritzglasur umranden,
fünf Minuten trocknen lassen. Socken mit
weißem Zuckerguss ausfüllen, vollständig
trocknen lassen. Zuckergusstupfen aufbringen und mit Glitzer bestreuen. Überschüssigen Glitzer abschütteln.
Linien ziehen, um Geschenke in
verschiedenen Farben aufzuma-
len. Flächen nach dem Trocknen in entsprechenden Farben
füllen. Nach dem Trocknen
Geschenkbänder und Schleifen
aufmalen.

SCHLITTEN

Plätzchen mit roter Spritzglasur umranden,
fünf Minuten trocknen lassen. Fläche mit hellblauem Zuckerguss füllen. Nach dem Trocknen kleine Tupfen mit weißem Zuckerguss
aufmalen, diese noch feucht mit silbernem
Glitzer bestreuen (überschüssigen Glitzer
nach dem Trocknen abschütteln). Kufen mit
roter Spritzglasur verzieren.

Baumschmuck

Backen ist in der Vorweihnachtszeit einfach ein Muss! Ob als Geschenk, als Dekoration, z. B. als essbare Tischkärtchen für die Festtafel, oder um sich einfach nur die Adventszeit zu versüßen. Die Christbaumkugeln haben für den Baumschmuck oben alle ein Loch, durch das man ein schönes Band ziehen kann, um sie aufzuhängen. Wer will, kann den Teig dicker ausrollen und sie auf beiden Seiten mit Zuckerguss verzieren. Dazu immer erst eine Seite vollständig trocknen lassen.

Utensilien
Christbaumkugel-Ausstechformen oder tropfenförmige Ausstecher in verschiedenen Größen
dicke Strohhalme
hübsche Geschenkbänder oder farbige Kordeln

Rezepte
1 Grundrezept Plätzchen mit Orange und Zimt (Seite 33) oder 1 Grundrezept Spekulatius-Plätzchen (Seite 39); aus dem Teig sollte sich jede Form 6 bis 8-mal ausstechen lassen
1 Grundrezept Royal Icing (Seite 21)

Spritzglasur
Weiß, Rosa
Magenta, Rot
Flieder, Limettengrün und Dunkelgrün

Zuckerguss
Weiß, Rosa
Magenta, Rot

Deko
goldene und silberne Zuckerperlen
essbare kleine Schneeflocken
pinkfarbener Glitzerzucker

Tipps und Tricks: Teig nach Anleitung ausrollen und ausstechen, jedoch vor dem Backen in jedes Plätzchen mit einem Strohhalm ein Loch stechen. Loch beim Dekorieren mit Spritzglasur umranden, damit sich das Band leichter durchfädeln lässt.

CHRISTBAUMKUGELN
Kugeln limettengrün mit Spritzglasur umranden, Loch magentafarben umkringeln. Mit magentafarbenem Zuckerguss auffüllen und trocknen lassen. Kugeln mit limonen- und dunkelgrünen Zickzacklinien und Tupfen aus Spritzglasur dekorieren, kleine Schneeflocken aus Zucker in den noch feuchten Zuckerguss drücken.

ZAPFEN
Ausschließlich mit Spritzglasur in den Lieblingsfarben dekorieren, Streifen durch dünne grüne Girlanden voneinander trennen. In die noch feuchte Glasur goldene und silberne Zuckerperlen hineindrücken.

ZUCKERSTANGE
Plätzchen in Rosa mit Spritzglasur umranden, Fläche nach dem Trocknen mit weißem Zuckerguss füllen. Luftbläschen mit einem Zahnstocher entfernen. Nach dem Trocknen diagonal dünne Spritzglasurstreifen in Rosa und Limettengrün auftragen.

SPINDELN
Spindelförmige Plätzchen mit limettengrüner Spritzglasur umranden, mit rosa Zuckerguss füllen. Nach dem Trocknen das Loch mit magentafarbener Spritzglasur umranden und limettengrüne Querlinien ziehen. Zickzacklinie in Dunkelgrün über die Mitte malen, mit kleinen magentafarbenen Tupfen abschließen.

KUGELN MIT QUASTE
Kugel in Flieder mit Spritzglasur umranden, Quaste in Rosa aufspritzen und das Loch magentafarben umranden. Nach dem Trocknen mit rotem Zuckerguss füllen und eine Minute trocknen lassen. In Flieder ein Kreuzmuster aufmalen, Eckpunkte mit kleinen limettengrünen Tupfen und goldenen Zuckerperlen dekorieren.

Lebkuchenhaus

Es gibt zwar komplette Ausstechsets für die Häuschen, sie lassen sich aber auch ganz einfach mit Papierschablone und Teigroller herstellen. So kann jeder die Größe selber bestimmen und noch ganz nach Lust und Laune Schornsteine, Dachfenster oder einen Windfang hinzufügen.

Formen
Nikolaus
Tannenbaum
Lebkuchenhausset oder
eigene Konstruktion

Rezepte
2 Grundrezept Plätzchen
mit Ingwer (Seite 33)
oder 2 Grundrezepte
Spekulatius-Plätzchen
(Seite 39); ausreichend
für einen Nikolaus,
einen Tannenbaum und
ein großes Lebkuchenhaus (Teig dafür dicker
auswellen)
2 Grundrezepte Royal
Icing (Seite 21)

Spritzglasur
Rot
Weiß
Mintgrün
Tannengrün
Senfgelb (kleine Menge)
Braun (kleine Menge)

Zuckerguss
Weiß
bunte Farben nach Wahl
Schwarz

Deko
Glitzerzucker

LEBKUCHENHAUS

Die Vorder- und Rückseite zuerst fertigen, dann die beiden Dachseiten passend dazu wählen und die Mauern links und rechts entsprechend abmessen. Öffnungen mit kleinen Herzchen- oder Rautenausstechern oder mit dem Messer herausnehmen. Kleine Quadrate für Schornsteine aufheben. Falls eine Fläche bricht, kann sie mit Spritzglasur wieder zusammengeklebt werden. Zuerst die Wände des Hauses mithilfe von dick aufgetragener Spritzglasur zusammenfügen; evtl. Bücher oder eine Mehltüte als Stütze dabei benutzen, bis der „Kleber" abgebunden hat. Die beiden Dachhälften und den Schornstein aufsetzen, dabei wieder mit reichlich Spritzglasur arbeiten und trocknen lassen. Zum Dekorieren das zusammengesetzte Häuschen auf ein Backpapier setzen und fantasievoll dekorieren. Für das Dach weiße Spritzglasur verwenden und Verwehungen andeuten. Nach dem Trocknen noch Eiszapfen hinzufügen. Wie auf Seite 79 beschrieben Zuckerdekorationen herstellen, z. B. Zuckerstangen oder bunten Kugeln, und mit weißer Spritzglasur auf den Wänden befestigen. Nach dem Trocknen noch feine Details mit weißer Spritzglasur auftragen und mit Glitzerzucker bestreuen; überschüssigen Glitzer vorsichtig abklopfen.

TANNENBAUM

Zweige mit dunkelgrüner Spritzglasur von oben nach unten ausfüllen, anschließend fünf Minuten trocknen lassen. Mit flüssigem weißen Zuckerguss den „Schnee" auf den Zweigen aufbringen und den noch feuchten Guss mit Silberglitzer bestreuen; überschüssigen Glitzer vorsichtig abklopfen.

NIKOLAUS

Schuhe und Gürtel mit schwarzer Spritzglasur umranden, trocknen lassen und mit schwarzem Zuckerguss ausfüllen. Mit roter Umrandung Arme, Beine und Kopf andeuten, mit gelb die Gürtelschnalle malen. Mit ausreichend weißer Spritzglasur den Bart, Pelzbesatz und Handschuhe auftragen, abschließend mit Braun die Augen und ein Lächeln aufmalen.

Ostereier

Unsere Dekoideen für die Osterplätzchen wurden von den aufwendig verzierten Fabergé-Eiern sowie von bunt bemalten Ostereiern inspiriert. Werden Sie kreativ und verwenden Sie ihre Lieblingsfarben oder besprenkeln Sie kleine ovale Plätzchen so, dass sie wie kleine Vogel-eier wirken.

Utensilien
eiförmige Formen in drei unterschiedlichen Größen

Rezepte
1 Grundrezept Schoko-plätzchen (Seite 34), aus-reichend für ca. 6 große, 10 mittlere und 16 kleine Eierplätzchen
1 Grundrezept Royal Icing (Seite 21)

Spritzglasur
Azurblau
Magenta
Weiß
Erbsengrün
dunkles Rosa

Zuckerguss
Rosa
Azurblau
Magenta

Deko
goldene und silberne Zuckerperlen
goldener und silberner Glitzerzucker

FARBERGÉ-EIER

Größte Eier mit magentafarbener Spritzglasur umranden, fünf Minuten trocknen lassen. Flächen mit rosa Zuckerguss aus-füllen und trocknen lassen. Mit feinen erbsengrünen Linien in die Mitte eine Fassung für einen Edelstein malen, restliches Ei nach Geschmack mit Girlanden und Tupfen dekorieren. Edelsteinmitte mit hellblauem Zuckerguss ausfüllen, mit silbernem Glitzerzucker bespren-keln. Nach Belieben glitzernde Zuckerperlen mit etwas Zucker-guss aufkleben.

VERPACKTE EIER

Eierplätzchen magentafarben umranden, fünf Minuten trock-nen lassen. Flächen mit rosa Zuckerguss auffüllen, erneut trocknen lassen. In Ihren per-sönlichen Lieblingsfarben (hier sind es Azurblau, Erbsengrün, Weiß und Magenta) Tupfen, Wellen und Linien aufmalen, sodass der Effekt bunter Geschenkbänder entsteht.

GEPUNKTETE EIER

Eierplätzchen magentafarben umranden, fünf Minuten trock-nen lassen. Flächen nur mit wenig magentafarbenem Zucker-guss auffüllen (sonst läuft die Farbe beim Auftragen der Punk-te über) und sofort mit andersfar-bigem Zuckerguss Punkte auf-malen, bevor der Guss trocknet.

Tipp: Damit können auch Oster-zweige geschmückt werden. Vor dem Backen dafür mit einem dicken Strohhalm kleine Löcher ausstechen. Diese später mit Spritzglasur umranden und zum Aufhängen hübsche Bän-der hindurchziehen. Wenn Sie auch die Rückseite verzieren möchten, zuerst die Vorderseite vollständig trocknen lassen (der Teig muss dazu dicker ausgerollt werden).

Frühlingsüberraschungen

Lustige Häschen und kleine Lämmer und Küken als frohe Osterboten. Es gibt jede Menge passende Ausstechförmchen – Sie haben also die Qual der Wahl!

Formen
Lamm
Küken
Hase
Ei
Blümchen

Rezept
1 Grundrezept Schoko-
plätzchen (Seite 34);
ergibt etwa 40 Plätzchen,
wenn viele kleine Motive
darunter sind
1 Grundrezept Royal
Icing (Seite 21)

Spritzglasur
Schwarz
Weiß
Dunkelgrün
(kleine Menge)
Hellblau
Rosa
Maisgelb
Hellgelb

Zuckerguss
Braun
Weiß
Azurblau
Hellgelb
Maisgelb

LAMM
Kleine Lämmer entweder in Weiß oder Schwarz umranden und mit Spritzglasur flächendeckend betupfen, damit der Effekt von Wolle entsteht. Zum Schluss rosa Nase und schwarze Augen aufbringen.

HASE
Plätzchen mit Spritzglasur einer beliebigen Farbe umranden, fünf Minuten trocknen lassen. Mit Zuckerguss in derselben Farbe auffüllen. Nach dem Trocknen das Schwänzchen weiß auftupfen, Ohrmuscheln mit weißer Spritzglasur auftragen. Zum Schluss in einer Kontrastfarbe ein Halsband aufmalen und noch ein rosa Näschen und schwarze Augen hinzufügen.

KÜKEN
Küken mit gelber Spritzglasur umranden, fünf Minuten trocknen lassen. Fläche mit maisgelbem Zuckerguss ausfüllen. Nach dem Trocknen mit gelber Spritzglasur Flügel und Schwanzfedern auftupfen, den Küken noch einen rosa Schnabel und schwarze Augen malen.

EIER
Kleine Eier braun oder blau umranden, fünf Minuten trocknen lassen. Flächen entweder braun oder blau ausfüllen, mit der anderen Farbe sofort kleine Tupfen hineingeben. Diese dann mit einem Zahnstocher etwas auseinander ziehen, damit der Effekt von gesprenkelten Eierschalen entsteht.

PRIMELN
Kleine Blumen hellgelb mit Spritzglasur umranden, fünf Minuten trocknen lassen. Flächen mit hellgelbem Zuckerguss ausfüllen, trocknen lassen und mit Spritzglasur kleine Staubgefäße in die Mitte malen.

Muttertag

Ein kleines Nähkästchen für die Mamas mit allem, was man zum Nähen braucht. Verpacken Sie die Plätzchen in einem mit hübschem Stoff ausgelegten Körbchen.

Formen
Schere
Fingerhut
Erdbeernadelkissen
große runde Form für
Wollknäuel
kleine runde Förmchen
für Knöpfe
rechteckige Formen für
die Nadeln und Garn-
rollen

Rezepte
1 Grundrezept Spekula-
tius-Plätzchen (Seite 39);
ausreichend für
ca. 30 Plätzchen
1 Grundrezept Royal
Icing (Seite 21)

Spritzglasur
Rot
Rosa
Azurblau
Dunkelgrün
Hellgelb
Weiß
Elfenbein

Zuckerguss
Azurblau
Rot
Weiß
Elfenbein

KNÖPFE

Knöpfe in beliebiger Farbe mit Spritzglasur umranden, fünf Minuten trocknen lassen, in passender Farbe mit Zuckerguss ausmalen. Nach dem erneuten Trocknen Knopflöcher mit Spritzglasur auftragen.

GARNROLLE

In einer bunten Farbe mit Spritzglasur das Garn aufmalen, mit weißer Glasur eine Umrandung für die Rolle aufmalen, trocknen lassen. Flächen mit weißem Zuckerguss auffüllen, nach dem Trocknen farbige Details aufbringen.

WOLLKNÄUEL

Mit Spritzglasur in beliebiger Farbe dünne Linien so aufmalen, dass der Effekt eines Wollknäuels entsteht.

SCHERE

Griffe mit Spritzglasur elfenbeinfarbig, Schneiden azurblau umranden, fünf Minuten trocknen lassen. Schneiden weiß und Griffe elfenbeinfarben ausmalen, erneut trocknen lassen. Details auf die Schneiden mit azurblauer Spritzglasur aufmalen.

FINGERHUT

Mit Spritzglasur das Rautenmuster eines Fingerhuts aufmalen.

NÄHSET

Eine weiße, wellenförmige Umrandung mit Spritzglasur aufmalen, fünf Minuten trocknen lassen. Fläche mit hellblauem Zuckerguss aus- füllen, trocknen lassen. Mit Spritzglasur Blu- menornamente, weiße Nadeln und rotes Garn aufmalen.

ERDBEERNADELKISSEN

Stiel und kleine Blätter am oberen Rand mit grüner Spritzglasur auf- malen. Den Rest der Erdbeere mit winzigen Schlangenlinien aus roter Glasur ausfüllen, eventuell noch Blüten und ein buntes Band hin- zufügen. Zum Schluss kleine Stecknadeln mit getupften, bun- ten Köpfen aufmalen.

Vatertag

Endlich mal Werkzeug, das Papa zum Anbeißen findet. Eine Kollektion, die schlicht gehalten werden kann, aber natürlich auch aufwendig dekoriert werden darf. Wer will, kann einfach nur Pinsel mit verschiedenfarbigen Borsten herstellen.

Formen
Pinsel
Zange
Hammer
Schraubenzieher
Schraubenschlüssel
Säge

Rezepte
1 Grundrezept von Papas Lieblingsplätzchen (ab Seite 33 ff.)
1 Grundrezept Royal Icing (Seite 21)

Spritzglasur
Maisgelb
Grau
Schwarz
Rot
eventuell weitere Farben für die Pinsel

Zuckerguss
Maisgelb
Grau
Schwarz
Rot

Deko
silberner Glitzer
Farbpulver mit Metallglanz

PINSEL
Mit Spritzglasur den Griff mit einer dünnen gelben Linie, den Metallzylinder, der die Borsten hält, mit einer grauen Linie aufmalen. Trocknen lassen, dann mit Zuckerguss den Griff gelb und den Zylinder grau ausfüllen. Borsten mit Glasur als schwarze dünne Linien aufmalen und trocknen lassen. Vorsichtig etwas farbigen Zuckerguss auf die Borstenspitzen drücken.

ZANGE
Mit Spritzglasur die Griffe mit dünnen roten Linien, die Backen mit grauen Linien aufmalen, fünf Minuten trocknen lassen (an das kleine Loch zwischen den Backen denken). Griffe mit rotem und die Backen mit grauem Zuckerguss ausfüllen. Details mit grauer Spritzglasur aufmalen.

HAMMER
Mit Spritzglasur den Hammerkopf mit einer dünnen grauen Linie, den Stiel mit einer dünnen schwarzen Linie aufmalen, fünf Minuten trocknen lassen. Mit Zuckerguss den Griff schwarz und den Hammerkopf grau ausfüllen, erneut trocknen lassen. Den Griff mit dünnen farbigen Streifen aus Spritzglasur verzieren.

SCHRAUBENZIEHER
Mit Spritzglasur den Schraubenzieher mit einer dünnen grauen Linie, den Griff mit einer gelben Linie umranden, fünf Minuten trocknen lassen. Beide Flächen mit den entsprechenden Zuckergussfarben ausfüllen, erneut trocknen lassen. Dann den Griff mit schwarzem Rautenmuster aus Glasur verzieren.

SCHRAUBENSCHLÜSSEL
Mit Spritzglasur die Plätzchen grau umranden, fünf Minuten trocknen lassen. Die Fläche mit grauem Zuckerguss auffüllen, Details mit schwarzer Spritzglasur aufmalen.

SÄGE
Mit Spritzglasur den Griff mit einer dünnen gelben Linie, das Sägeblatt mit einer grauen Linie aufmalen, fünf Minuten trocknen lassen. Griff mit gelbem, Sägeblatt mit grauem Zuckerguss ausfüllen.

Walpurgisnacht

Wir lieben unheimliche Hexenversammlungen mit wachsamen Katzen und großen Kesseln voll schauriger Zutaten.

Formen
Kürbis
Gespenst
Fledermaus
Schlange
Molch
Hexe
Katze
Maus

Rezepte
1 Grundrezept Spekulatius-Plätzchen (Seite 39), ausreichend für ca. 30 Plätzchen; aus den Teigresten kleine Mäuse und Schlangen ausstechen
1 Grundrezept Royal Icing (Seite 21)

Spritzglasur
Schwarz
Orange
Dunkelgrün
Maisgelb
Braun
Grau
Weiß

Zuckerguss
Grau
Dunkelgrün
Orange
Weiß
Schwarz

Deko
silberner und roter Glitzerzucker

KÜRBIS
Stiel mit grüner Spritzglasur aufmalen, Kürbis orange umranden. Mit schwarzer Spritzglasur Augen und Mund aufmalen, fünf Minuten trocknen lassen. Fläche mit orangefarbenem Zuckerguss ausfüllen, trocknen lassen. Zum Schluss dünne orangefarbene Linien aufmalen.

GESPENST
Gespenst mit Spritzglasur weiß umranden, für Mund und Augen dünne orangefarbene Kringel aufmalen. Fünf Minuten trocknen lassen, danach den Rest weiß ausfüllen.

FLEDERMAUS
Fledermaus mit Spritzglasur schwarz umranden, in der Mitte eine dünne ovale Linie für den Bauch ziehen. Nach dem Trocknen Flügel und Kopf mit schwarzem Zuckerguss füllen, nach einer Minute etwas silbernen Glitzerzucker darüberstreuen. Anschließend den Bauch schwarz ausmalen und trocknen lassen. Überschüssigen Glitzer vorsichtig abbürsten, zwei gelbe Punkte für die Augen aufmalen.

SCHLANGE UND MOLCH
Körper mit Spritzglasur grün umranden, beim Molch Füßchen aufmalen, fünf Minuten trocknen lassen. Mit grünem Zuckerguss auffüllen und sofort farbige Punkte auftupfen. Trocknen lassen und zum Schluss die Augen mit weißer und schwarzer Spritzglasur aufbringen.

HEXE
Umhang, Haare und Hut mit Spritzglasur orange umranden, um das Gesicht eine grüne Linie ziehen, alles fünf Minuten trocknen lassen. Umhang, Hut und Haare mit schwarzem Zuckerguss ausfüllen, trocknen lassen. Mit Spritzglasur einen braunen Besen, gestreifte Socken und orangefarbene Schuhe aufmalen, letztere mit rotem Glitzerzucker bestäuben.

KATZE UND MAUS
Körper mit entsprechender Spritzglasur umranden, fünf Minuten trocknen lassen. Mit passendem Zuckerguss ausfüllen, nach dem Trocknen die Details mit Spritzglasur aufmalen.

Chanukka

Eine einfach zu verzierende kleine Plätzchenkollektion zum jüdischen Chanukka-Fest, zu
der am besten die traditionellen Farben weiß
und blau passen. Auch zu einer Bar Mitzwa
oder Bat Mitzwa sind sie hübsch.

Formen
Davidstern
Rechtecke
Dreidel
Halbkreis
(für Leuchter)
Thora-Rolle

Rezepte
1 Grundrezept
Plätzchen mit
Zitrone (Seite 33),
ausreichend für
ca. 30 Plätzchen
1 Grundrezept
Royal Icing
(Seite 21)

Spritzglasur
Maisgelb
(winzige Menge)
Hellblau
Weiß
Enzianblau

Zuckerguss
Hellblau
Weiß
Enzianblau

Deko
silberner Glitzer-
zucker

DAVIDSTERN UND DREIDEL
Beide mit Spritzglasur weiß umranden, nach dem Trocknen mit Zuckerguss weiß auffüllen. Trocknen lassen,
Details in Enzianblau mit Spritzglasur aufmalen und evtl. Glitzerzucker
darüberstreuen.

CHANUKKIA
Halbkreis mit Spritzglasur enzianblau umranden, nach dem Trocknen
mit Zuckerguss enzianblau ausmalen.
Trocknen lassen, Kerzenleuchter in
Weiß mit Spritzglasur aufmalen, mit
gelben Flammen verzieren.

GESCHENK MIT PUNKTEN
Rechteck enzianblau mit Spritzglasur
umranden, trocknen lassen. Fläche
mit weißem Zuckerguss knapp füllen,
sofort enzianblaue Tupfen hineindrücken. Guss trocknen lassen, mit enzianblauer Spritzglasur Geschenkband
und Schleife auftragen.

GESCHENKE
Rechteck mit Spritzglasur hellblau
umranden, trocknen lassen. Mit
Zuckerguss in Hellblau, Weiß oder
Enzianblau ausfüllen. Getrocknete
Fläche mit Davidsternen, Geschenk-
band und Schleife mit Spritzglasur
dekorieren.

Erntedank

Eine Hommage an all die guten Speisen zum Erntedankfest oder ganz einfach an die Fülle des Herbstes.

Formen
Eichel
Apfel
Truthahn
Kürbis
Blätter

Rezepte
1 Grundrezept Plätzchen mit Orange und Zimt (Seite 33); ausreichend für ca. 40 Plätzchen, wenn die Blätter mit kleinen Formen ausgeschnitten werden
1 Grundrezept Royal Icing (Seite 21)

Spritzglasur
Orange
Rot
Maisgelb
Mintgrün
Erbsengrün
Braun

Zuckerguss
Maisgelb
Limettengrün
Erbsengrün
Braun
Rot
Mintgrün
Orange

EICHEL
Fruchtbecher mit brauner Spritzglasur kreuzweise bemalen, Nuss in mintgrün umranden. Fünf Minuten trocknen lassen, Nuss mit mintgrünem Zuckerguss ausfüllen.

APFEL
Apfel mit Spritzglasur rot umranden, braunen Stiel und grünes Blättchen aufmalen. Nach dem Trocknen mit rotem Zuckerguss ausfüllen.

TRUTHAHN
Den Truthahn nur mit Spritzglasur dekorieren. Mit dem Schnabel beginnen, nach und nach die Federn in braun, orange, rot und mintgrün auftragen und dabei die braunen Füße nicht vergessen.

KÜRBIS
Stiel mit erbsengrüner Spritzglasur aufmalen, Kürbis orange umranden, fünf Minuten trocknen lassen. Danach mit orangefarbenem Zuckerguss ausfüllen, erneut trocknen lassen. Zum Schluss mit Spritzglasur dünne vertikale Linien in Orange aufmalen.

BLÄTTER
Sämtliche Blätter nach dem gleichen Prinzip dekorieren: Zunächst mit Spritzglasur umranden, fünf Minuten trocknen lassen. Fläche mit Zuckerguss knapp ausfüllen, sofort andersfarbige Flecken hinzufügen. Guss erneut trocknen lassen, zum Schluss mit dünnen Linien die Blattäderchen aufmalen.

Glückliches Paar

Witzige Figürchen machen einen Riesenspaß, hier sind sie als glückliches Paar mit Blumenstrauß und Verlobungsring verziert. Je nach Anlass kann man ihnen aber auch andere Dinge in die Hand geben, beispielsweise Kuchen, Ostereier, Werkzeug oder Herzchen. Da sie recht groß sind, werden sie am besten nur mit Spritzglasur dekoriert.

Formen
Lebkuchenfigur

Rezepte
1 Grundrezept Plätzchen mit Ingwer (S. 33), ausreichend für 8–10 Figuren (Teig dicker ausgewellt)
1 Grundrezept Royal Icing (Seite 21)

Spritzglasur
Mintgrün
Lavendel
Fuchsia
Pink
Erbsengrün
Maisgelb
Azurblau

Deko
bunte Zuckerperlen
Glitzerzucker

BRAUT

Mit weißer Spritzglasur Schleier, Kleid, Schuhe und Handschuhe auftragen. Mit braunen Armen und Augen, pinkfarbenen Lippen und Wangen ergänzen. Einen gelben Haarreif anbringen und Blüten für den Strauß in verschiedenen Farben auftupfen. Alles gut trocknen lassen. Weitere Verzierungen mit weißer Glasur aufbringen und Glitzerzucker für alle Bereich aufbringen, die funkeln sollen. Überschüssigen Zucker vorsichtig abbürsten.

BLUMENÜBERRASCHUNG

Kragen und Arme mit weißer Spritzglasur umranden, Hände mit braun ergänzen. Grüne Stiele aufmalen und mit verschiedenfarbigen Blüten verzieren.

BRÄUTIGAM

Mit brauner Spritzglasur die Arme, den Mund und die Augen aufbringen. Umrandung des Kästchens und die Fliege in Rot auftragen, beides fuchsiafarben ausfüllen. Ring in Maisgelb hineinmalen und alles trocknen lassen. Auf dem Ring mit weißer Spritzglasur den Diamanten andeuten und sofort mit Glitzerzucker bestäuben. Überschüssigen Zucker vorsichtig abbürsten.

Liebesherzen

Diese Retrodesign-Herzen in Rosa und Weiß sind nicht nur zum Valentinstag eine schöne und einfach zu erstellende Plätzchendekoration. Die kräftigen Farben lassen die Herzchen richtig leuchten! Für feine Details flüssigen Zuckerguss in Kontrastfarbe mit dem Spritzbeutel auf den noch feuchten Grundguss auftragen.

Formen
Herzen

Rezepte
1 Grundrezept Schokoplätzchen
(siehe Seite 34)
1 Grundrezept Royal Icing
(Seite 21)

Spritzglasur
Weiß
Limettengrün
Rosa
Pink

Zuckerguss
Rosa
Weiß

Auf den Herzen mit Spritzglasur etwas nach innen versetzt einen Rand nachzeichnen, fünf Minuten trocknen lassen. Anschließend mit wenig andersfarbigem Zuckerguss auffüllen, damit er hinterher nicht überläuft. Kleine Luftbläschen dabei mit einem Zahnstocher aufstechen, bevor der Zuckerguss fest wird. Punkte und Linien aufbringen, mit einem sauberen Zahnstocher die Farben ineinanderziehen. Vor jedem neuen Ansatz säubern, damit das Muster eine klare Linie behält.

Besondere Anlässe

Geburt

Eine zuckersüße Kollektion, um die Ankunft eines Babys zu feiern. Enten mit Zuckerguss in Pastell überziehen, dabei müssen nicht unbedingt alle drei Töne gemischt werden, denn die Entenfamilie sieht auch unifarben hübsch aus. Die Spritzglasur darf eine Nuance dunkler als der Zuckerguss sein, dann sind diese Plätzchen im Handumdrehen gemacht.

Formen
große und kleine Enten

Rezepte
1 Grundrezept Butterplätzchen (Seite 37) oder 1 Grundrezept Vanilleplätzchen (Seite 36) zum Verschicken; ausreichend für 10 große und 30 kleine Enten
1 Grundrezept Royal Icing (Seite 21)

Spritzglasur
Hellgelb
Rosa
Hellblau
Maisgelb
Schwarz

Zuckerguss
Hellgelb
Rosa
Hellblau

Die Enten werden alle auf die gleiche Art und Weise dekoriert: Einen maisgelben Schnabel mit Spritzglasur aufmalen, die Ente entweder in hellgelb, hellblau oder rosa umranden, fünf Minuten trocknen lassen. Kopf und Körper mit Zuckerguss in der gleichen Farbe auffüllen, eventuelle Luftbläschen im noch feuchten Guss mit einem Zahnstocher aufstechen. Durch leichtes Hin- und Herbewegen des Plätzchens den Guss gleichmäßig verteilen, danach vollständig trocknen lassen. Mit Spritzglasur eine Schleife um den Hals und einen schwarzen Punkt als Auge aufmalen.

Babyparty

Niedliche Plätzchen, die schnell gemacht sind, um die bevorstehende Geburt eines Babys zu feiern. Wer schon das Geschlecht des künftigen Erdenbewohners kennt, kann statt neutralem Hellgelb auch Hellblau oder Rosa wählen.

Formen

Kinderwagen
Rassel
Babyschuh
Teddybär
Würfel
Babyjäckchen

Rezepte

1 Grundrezept Vanilleplätzchen (Seite 36);
ausreichend für
ca. 40 Plätzchen
1 Grundrezept Royal Icing (Seite 21)

Spritzglasur

Weiß
Hellgelb
Braun

Zuckerguss

Weiß
Hellbraun

KINDERWAGEN

Räder und Speichen mit brauner Spritzglasur aufmalen, den restlichen Kinderwagen weiß umranden. Nach dem Trocknen mit weißem Zuckerguss ausfüllen und Luftbläschen entfernen. Guss trocknen lassen, hellgelbe Details mit Spritzglasur aufbringen. Zum Schluss das Verdeck mit einer weißen Rüsche verzieren.

RASSEL

Mit Spritzglasur die Rassel mit einer dünnen weißen Linie umranden, trocknen lassen. Danach weiß mit Zuckerguss ausfüllen und Luftbläschen entfernen. Nach dem Trocknen hellgelbe Details auftragen.

BABYSCHUH

Mit weißer Spritzglasur kleine Girlanden so aneinanderreihen, dass es aussieht, als sei er „gestrickt" worden. Dabei für Ferse und Zehenspitze jeweils die Richtung wechseln. Nach dem Trocknen in Hellgelb ein dünnes Band und eine Schleife hinzufügen.

TEDDYBÄR

Kopf, Beine, Arme, Tatzen, Schnauze und Ohren mit brauner Spritzglasur dünn aufmalen und trocknen lassen. Schnauze und Tatzen mit weißem Zuckerguss, den Rest in Braun auffüllen. Nach dem Trocknen Augen und Nase mit brauner Spritzglasur aufmalen.

WÜRFEL

Würfel mit Spritzglasur hellgelb umranden, mit weißem Zuckerguss auffüllen. Kurz trocknen lassen und mit hellgelber Spritzglasur Buchstaben auf die Seiten aufmalen.

BABYJÄCKCHEN

Genauso verfahren wie beim Babyschuh, nach dem Trocknen Details wie Saum und Druckknöpfe in hellgelb mit Spritzglasur hinzufügen.

Geburtstag

Die Plätzchen können durch Glückwünsche oder einen Namenszug ergänzt werden. Abwechslung bringen Geschenkplätzchen in unterschiedlichen Farben und Mustern.

Formen

Götterspeise
Kuchenstück
Rechteck
Quadrat
Ballon
Partyhut
Kreis (für Lutscher)

Rezepte

1 Grundrezept Schokoladenplätzchen (Seite 34), ausreichend für ca. 30 Plätzchen
1 Grundrezept Royal Icing (Seite 21)

Spritzglasur

Hellgelb
Azurblau
Weiß
Rot
Hellblau
Pink
Flieder

Zuckerguss

Azurblau
Hellgelb
Rosa
Pink
Weiß

Deko

Lollisticks

GÖTTERSPEISE

Oberen Teil in Pink, unteren mit weißer Spritzglasur umranden, fünf Minuten trocknen lassen. Obere Fläche mit pinkfarbenem Zuckerguss, Platte mit weißem ausfüllen und sofort eine azurblaue Linie aufbringen. Erneut trocknen lassen und weiße Konturen mit Spritzglasur aufmalen.

GEBURTSTAGSKUCHEN

Unteren Teil mit weißer Spritzglasur umranden, oberen mit pinkfarbener, die Kerze mit hellblauer und die Flamme mit hellgelber Glasur, alles trocknen lassen. Fläche unten und Kerze mit weißem Zuckerguss, oben mit Farbe nach Wahl ausfüllen, trocknen lassen. Punkte und Marmelade mit Spritzglasur in Pink, Weiß und Flieder aufbringen. Mit hellblauer Spritzglasur auf die Kerze diagonale Linien und als Abschluss des Tortengusses eine Linie ziehen. Mit weißer Spritzglasur dicke Punkte als Sahnedekoration auftupfen.

GESCHENKE

Geschenke mit unterschiedlichen Mustern und Farben wie unten die Ballons dekorieren. Wenn Glasur und Guss getrocknet sind, mit Spritzglasur das Geschenkband aufmalen.

BALLONS

Verwenden Sie dazu Ihre Lieblingsfarben: Form mit Spritzglasur umranden, trocknen lassen. Mit wenig Zuckerguss füllen und sofort mit einer anderen Farbe Punkte aus Zuckerguss aufbringen. Zum Schluss noch den „Knoten" mit weißer Spritzglasur hervorheben.

PARTYHUT

Mit hellgelber Spritzglasur den Kegel umranden und drei parallel verlaufende Kurven einziehen, trocknen lassen. Fläche an der Spitze und die mittlere mit azurblauem Zuckerguss füllen, trocknen lassen. Die anderen beiden Flächen mit hellgelbem Guss füllen, erneut trocknen lassen. Mit hellgelber Spritzglasur Abgrenzungen zwischen den Farbflächen nachziehen, mit weißer Glasur Gummiband aufmalen.

LUTSCHER

Außenkante mit weißer Spritzglasur umranden, fünf Minuten trocknen lassen. Fläche mit weißem Zuckerguss füllen und noch feucht mit Guss in Pink einen Kringel von innen nach außen auftragen. Mit einem Zahnstocher über die Linien jeweils zur Mitte hin ziehen. Gut trocknen lassen, dann mit weißer Spritzglasur noch einen weißen Kringel von innen nach außen auftragen. Wer möchte, kann zwei Plätzchen mithilfe von ausreichend Spritzglasur an den Unterseiten zusammenkleben und auf einen Lollistiel stecken.

Einweihungsparty

Rechteckige Plätzchen lassen sich toll in kleine Häuser verwandeln. Wer will, nimmt das eigene oder das Haus der Freunde als Vorlage. Kleine Details wie Blumen oder Haustiere verwandeln eine schlichte Fassade in ein trautes Heim.

Formen

rechteckige und quadratische Ausstecher (oder die Formen entsprechend mit dem Messer von Hand ausschneiden)

Rezepte

1 Grundrezept Vanilleplätzchen (Seite 36); die Zahl der Plätzchen ergibt sich aus der Größe der Häuser und der Dicke des Teigs
1 Grundrezept Royal Icing (Seite 21)

Spritzglasur

Weiß
Schwarz
Grau
Braun
Magenta
Rot
Pink

Zuckerguss

Hellblau
Hellbraun
Weiß
Limettengrün
Grau

FACHWERKHAUS

Tür und Fensterrahmen mit dünnen weißen Linien aus Spritzglasur aufmalen, das Reetdach mit brauner Glasur ausmalen. Mauern weiß umranden, trocknen lassen. Mit weißem Zuckerguss ausfüllen. Nach dem Trocknen das Fachwerk, den Kamin und die Details auf der Tür mit dünnen braunen Spritzglasurlinien aufbringen.

BURG

Die Konturen der Burg mit Zinnen, Tor und Fenstern mit Spritzglasur braun umranden, nach dem Trocknen das Gemäuer mit grauem oder hellbraunem Zuckerguss aufmalen. Nach erneutem Trocknen kleine Details wie das Mauergestein, eine Treppe usw. mit Spritzglasur aufmalen, mit schwarzer Glasur der Burg den letzten Schliff geben. Oder als Ruine nur mit Schwarz und Grau arbeiten und die bemoosten Mauerritzen mit limettengrüner Spritzglasur zum Schluss aufmalen.

HAUSTÜR

In beliebiger Farbe das ganze Plätzchen mit Spritzglasur umranden, nach dem Trocknen mit Zuckerguss in einer anderen Farbe ausfüllen. Erneut trocknen lassen und mit Spritzglasur Details wie Türklopfer, Griff usw. aufbringen.

STADTHAUS

Fenster und Haus mit Spritzglasur weiß umranden, trocknen lassen. Haus mit hellblauem Zuckerguss ausmalen, trocknen lassen. Nun Fenster und Tür mit weißer Spritzglasur weiter ausschmücken, mit pinkfarbener Glasur Dach und Tür hinzufügen.

Tortendekorationen

Utensilien
Backpapier oder Silikonmatten
Spritzbeutel
verschiedene Tüllen

Rezept
1 Grundrezept Royal Icing
(Seite 21)

Spritzglasur
in Ihren Lieblingsfarben

Zuckerguss
in Ihren Lieblingsfarben

Deko
etwas heller Glitzerzucker

Mit Spritzglasur und Zuckerguss lassen sich natürlich nicht nur Plätzchen dekorieren. Allerdings bereitet uns weicher Kuchenteig als Untergrund oft Mühe. Einfacher ist es, Zuckergussdekorationen auf Backpapier oder Silikonbackmatten vorzubereiten und trocknen zu lassen, um mit ihnen anschließend Kuchen, Torten oder Cupcakes zu verzieren.

Auf Backpapier kann man seine Designs und Ornamente gut vorzeichnen und dann mit Spritzglasur nachmalen. Allerdings dürfen die Linien nicht zu filigran sein, damit die Glasur nicht bricht, wenn man sie vom Untergrund löst. Zunächst die kleinen Dekorationen im warmen Ofen (niedrigste Stufe) trocknen lassen, dann vorsichtig vom Backpapier lösen.

Sämtliche Dekorationen in diesem Buch lassen sich nicht nur auf Plätzchen sondern auch auf Backpapier oder auf Silikonmatten aufbringen. Einfach nach Anleitung verfahren und zunächst die Konturen aufspritzen. Kleine Figuren wie Hummeln, Schmetterlinge, Marienkäfer und Blumen sind vor allem bei Kindern sehr beliebt. Auch Schnecken, Schlangen, Echsen, Käfer und Frösche sind auf Geburtstagstorten gern gesehen. Zuckerguss- und Glasurdekorationen halten sich luftdicht verschlossen mehrere Wochen, wenn sie zuvor ausreichend trocknen konnten. Am besten schützt man sie, indem man sie vorsichtig zwischen Lagen aus Pergamentpapier packt. Ob gekauft oder selbstgebacken, auf einer Buttercreme als Basis halten die Zuckerfiguren gut. Oder etwas Zuckerguss verwenden und die kleinen Dekorationen „aufkleben".

Die Brautkollektion

Diese Auswahl zeigt viele schöne und strahlende Dingen, aber Sie können alle Formen und Farben auswählen, die Sie sich dazu vorstellen. Die hübschen selbstgebackenen Geschenke erfreuen Hochzeitshelfer, passen zur Verlobung oder sind einfach ein Dankeschön.

Formen
Kopfschmuck
Balletschuhe
Blumentopf mit Hochstamm
Hochzeitstorte
Hochzeitskleid
Tasse auf Unterteller

Rezepte
1 Grundrezept Vanilleplätzchen (Seite 36), ausreichend für ca. 28 Plätzchen
1 Grundrezept Royal Icing (Seite 21)

Spritzglasur
Pink, Flieder
Elfenbein, Fraise
Limettengrün
Amethyst, Schwarz
Weiß, Erbsengrün

Zuckerguss
Weiß, Flieder
Limettengrün
Pink, Orange
und Rot

Deko
Goldpuder/Gelfarbe in Gold

KOPFSCHMUCK
Blütenschmuck und Federn mit Spritzglasur in Fraise nachziehen, trocknen lassen. Blütenblätter mit orangefarbenem Zuckerguss füllen, trocknen lassen. Mit schwarzer Spritzglasur Haarnetz und Federdetails aufmalen, mit limettengrüner die Blättchen und in Flieder die Blütenmitte verzieren. Wenn alles getrocknet ist, mit weißer und roter Spritzglasur Details auf Blütenblätter und Federspitzen aufbringen.

TANZSCHUHE
Außenkontur mit roter Spritzglasur umranden, Oberleder mit pinkfarbener Glasur abheben, trocknen lassen. Flächen mit Zuckerguss in Rot und Pink füllen. Nach dem Trocknen mit Spritzglasur in Pink Bänder aufbringen, in Weiß Punkte und Pollen der Blüte, trocknen lassen.

Abschließend in Fliederglasur Blütenblätter aufbringen.

BLUMENGESTECK
Stamm mit fliederfarbener Spritzglasur umranden, Topf und Topfrand in Limettengrün, trocknen lassen. Topf mit limettengrünem Zuckerguss füllen, die „Erde" mit weißem und den Stamm mit fliederfarbenem Guss füllen,

erneut trocknen lassen. Nun mit Spritzglasur in Pink, Fraise und Flieder Blüten aufbringen, limettengrüne Glasur für die Kelche und Weiß in der Blütenmitte, trocknen lassen. Zum Schluss die Blätter mit erbsengrüner Glasur auftragen, Blattader auf die getrocknete Glasur mit schwarz aufmalen.

HOCHZEITSTORTE
Die drei Etagen der Torte mit weißer Spritzglasur umranden (Abstände dazwischen lassen), trocknen lassen. Mit weißem Zuckerguss füllen, trocknen lassen. Limettengrüne Linien und Blüten in Pink, Fraise und Flieder mit Spritzglasur aufbringen. Trocknen lassen, danach weiße Punkte mit Spritzglasur in die Blütenmitte setzen, mit limettengrüner Glasur Blättchen aufbringen, trocknen lassen. Am unteren Ende der Längslinien mit weißer Spritzglasur Punkte aufbringen, sofort mit Goldpuder überstäuben.

HOCHZEITSKLEID
Oberteil und Rock mit weißer Spritzglasur umranden, trocknen lassen. Kleid mit weißem Zuckerguss ausfüllen, Luftbläschen mit einem Zahnstocher entfernen, trocknen lassen. Blumenstickerei und Faltenwurf mit weißer Spritzglasur aufbringen, mit Pink kleine Blüten darauf dekorieren.

Hochzeitsgaben

Ein kleiner Beutel aus Organza gefüllt mit pastellfarbenen essbaren Herzchen, Tischkarten mit den Namen der Gäste – es gibt viele Möglichkeiten, für eine Hochzeit Plätzchen mit Zuckerguss zu verzieren. Links zeigen wir nur eine kleine Auswahl.

Traditionell werden Hochzeitsplätzchen mit elfenbeinfarbenem, pastellfarbenem oder weißem Zuckerguss dekoriert. Farben sind jedoch Geschmacksache, also wählen Sie einfach aus, was Ihnen am besten gefällt. Auch bei den Motiven bietet sich an, was die persönlichen Vorlieben des Hochzeitspaares sind. Wer will, kann natürlich Initialen oder Namen hinzufügen.

Einfach den Anleitungen für das Dekorieren mit Glasur und Zuckerguss folgen und auf Seite 144 ein paar Ideen für entsprechende Verpackungen sammeln.

Alphabet und Zahlen

Mit diesen einfach zu dekorierenden Plätzchen lässt sich alles sagen: Liebesbotschaften, Initialen von sämtlichen Freunden, Danke, Entschuldigung, gute Besserung usw. Hier sind Dekovorschläge:

Formen

Buchstaben und Zahlen
oder Rechtecke ausschneiden und Zahlen oder Buchstaben daraufschreiben

Rezepte

1 Grundrezept Schokoplätzchen (Seite 34) oder Vanilleplätzchen (Seite 36); ausreichend für ca. 30 Plätzchen (5 × 7 cm groß)
1 Grundrezept Royal Icing (Seite 21)

Spritzglasur

Weiß
Rot
Hellblau
Enzianblau
Dunkelgrün

Zuckerguss

Azurblau
Rot
Weiß
Dunkelgrün

Deko

nach Geschmack

PUNKTE

Buchstabe in beliebiger Farbe mit Spritzglasur umranden, fünf Minuten trocknen lassen. Fläche mit Zuckerguss in Kontrastfarbe knapp auffüllen, sofort kleine Tupfen mit weißer Spritzglasur hineindrücken.

STREIFEN

Plätzchen in beliebiger Farbe mit Spritzglasur umranden, fünf Minuten trocknen lassen. Fläche mit Zuckerguss in Kontrastfarbe knapp auffüllen, sofort mit weißer Spritzglasur Streifen hineinmalen.

KONTRASTE

Plätzchen in beliebiger Farbe mit Spritzglasur umranden, fünf Minuten trocknen lassen. Fläche mit Zuckerguss in Kontrastfarbe auffüllen.

PATCHWORK

Form in beliebiger Farbe mit Spritzglasur umranden, fünf Minuten trocknen lassen. Fläche mit Zuckerguss in der gleichen Farbe knapp auffüllen, sofort kleine Tupfen mit weißer Spritzglasur hineinmalen. Trocknen lassen und mit Kontrastfarbe außen herum kleine Striche aufsetzen.

FLAGGEN

Für die komplexenMuster vieler Flaggen nur Spritzglasur verwenden. Flagge vergrößert in Farbe ausdrucken, um das Muster sauber nachzumalen.

Tipps: Buchstaben- und Zahlenplätzchen brechen leicht. Zum Verschicken eignen sich daher rechteckige oder quadratische Plätzchen. Damit sich der Zuckerguss gleichmäßig verteilt, kann man ihn mithilfe eines kleinen Holzstabs an die gewünschten Stellen schieben.

Törtchen und Cupcakes

Diese Miniaturen sehen genau so verführerisch aus, wie ihre großen Kollegen.

Formen
Cupcakes
Törtchen
Éclairs
runde Form für
Doughnuts

Rezepte
1 Grundrezept Plätzchen
mit Orange (Seite 33),
ausreichend für 6–8 Cup-
cakes, 6–8 Törtchen und
je 3–4 andere Formen
1 Grundrezept Royal
Icing (Seite 21)

Spritzglasur
Senfgelb, Rosa
Elfenbein, Braun
Hellbraun, Rot
Schwarz und
Erbsengrün

Zuckerguss
Braun, Rosa
Rot, Hellbraun
und Elfenbein

Deko
alles ist erlaubt: Liebesperlen, Glitzerzucker,
bunte Minizuckerstreu-
sel usw.

CUPCAKES
Persönliche Lieblingsfarben verwenden oder den unteren Teil mit Spritzglasur in Elfenbein umranden, mit
elfenbeinfarbenem Zuckerguss ausfüllen und Details
mit hellbrauner Spritzglasur aufbringen. Oberen Teil
nicht umranden, sondern wie einen richtigen Kuchen
mit Zuckerguss glasieren, nach Herzenslust mit bunten
Streuseln usw. dekorieren.

ERDBEERTÖRTCHEN
Umrisse der Erdbeeren mit roter Spritzglasur,
Umriss des Törtchens mit brauner
Glasur aufmalen, fünf Minuten
trocknen lassen. Erdbeeren mit
rotem, Tortenboden mit hellbraunem Zuckerguss auffüllen.
Sofort kleine gelbe Pünktchen
in die Erdbeeren malen. Nach
dem Trocknen den Boden mit
dünnen
braunen
Glasurlängs-
streifen verzie-
ren.

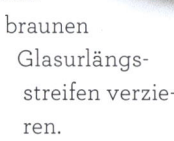

DOUGHNUTS
Umriss und Loch mit rosa Spritzglasur umranden, trocknen lassen. Fläche mit rosa
Zuckerguss auffüllen, auf den
feuchten Guss Minizuckerstreu-
sel aufstreuen. Oder nach dem
Trocknen winzige Glasurlini-
en aufspritzen.

ÉCLAIRS
Mit Spritzgla-
sur den unteren
Teil elfenbein-
farben, den obe-
ren
Teil braun umranden, fünf Minuten trocknen
lassen. Oberen Teil mit braunem Zuckerguss
auffüllen, unteren Teil mit hellbrauner Spritzglasur ausfüllen und eventuell mit einem kleinen Spachtel aufrauen.

Katz und Maus

Die Fellfarbe der Katzen darf natürlich variieren, aber auf jeden Fall sollte man nicht ihr Lieblingsspielzeug vergessen.

Formen

Katze
kleine runde Form
(für die Wollknäuel)
Goldfischglas
Maus
Fisch
Milchflasche

Rezepte

1 Grundrezept Schoko-
plätzchen (Seite 34),
ausreichend für ca.
28 Katzen
1 Grundrezept Royal
Icing (Seite 21)

Spritzglasur

Weiß
Schwarz
Orange
Grau
Rosa

Zuckerguss

Schwarz
Orange
Weiß

KATZEN

Umrisse mit schwarzer Spritzglasur aufmalen, fünf Minuten trocknen lassen. Einen Tropfen weißen Zuckerguss auf die Stelle der Barthaare, Schwanzspitze, Ohren oder Pfoten geben, Rest sofort mit schwarzem Zuckerguss auffüllen. Mit einem Zahnstocher den feuchten weißen Zuckerguss etwas auseinander ziehen (Fellstruktur). Nach dem Trocknen Details wie weiße Augen mit schwarzen Pupillen und rosa Näschen mit Spritzglasur aufmalen.

WOLLKNÄUEL

Kleine runde Plätzchen mit Spritzglasur in beliebiger Farbe bemalen, damit der Eindruck von Garn entsteht.

GOLDFISCHGLAS

Umriss mit weißer Spritzglasur aufmalen, nach dem Trocknen mit weißem Zuckerguss auffüllen. Erneut trocknen, mit Spritzglasur orangefarbenen Goldfisch aufmalen. Dünne schwarze Linie für den Glasrand und eine weiße für den Wasserrand ziehen. Winziges schwarzes Auge auftupfen.

MAUS

Mit Spritzglasur weiß umranden, fünf Minuten trocknen las-

sen, mit weißem Zuckerguss auffüllen. Nach dem Trocknen mit Spritzglasur einen schwar-

zen Punkt fürs Auge, rosa Tupfen und Linie für Schnauze und Schwanz aufmalen.

FISCHGRÄTEN

Fischkopf und Gräten mit weißer Spritzglasur aufmalen, zum Schluss winziges schwarzes Auge auftupfen.

MILCHFLASCHE

Umriss mit schwarzer Spritzglasur aufmalen, fünf Minuten trocknen lassen. Fläche mit weißem Zuckerguss auffüllen, nach dem Trocknen mit dünnen schwarzen Glasurlinien Details hinzufügen.

Wer ist der Schönste?

Eine hübsche schwarz-weiße Hundeparade, die mit den unterschiedlichen erhältlichen Motiv-formen für Hunde fast jedem Hundebesitzer seinen Liebling in Keksform ermöglicht. Selbstverständlich können Sie auch mit Brauntönen dem Originalfell nahekommen. Schwarzer Zuckerguss in einer Pipette erleichtert das Auftragen der Details.

Formen
Windhund
Labrador
Dackel
Pudel
Dalmatiner
Boxer
Spaniel
Jack Russel Terrier
Mops

Rezepte
1 Grundrezept Schoko-plätzchen (Seite 34), ausreichend für ca. 28 Hunde
1 Grundrezept Royal Icing (Seite 21)

Spritzglasur
Schwarz
Weiß

Zuckerguss
Schwarz
Weiß

WINDHUND, LABRADOR UND DACKEL
Die Umrisse der Hunde mit schwarzer Spritzgla-sur umranden, trocknen lassen. Mit schwarzem Zuckerguss ausfüllen, eventuelle Luftbläschen mit einem Zahnstocher aufstechen. Nach dem Trocknen mit schwarzer und weißer Spritzgla-sur Ohr, Auge, Schnauze und Schwanzspitze aufmalen.

DALMATINER UND BOXER
Die Umrisse der Hunde mit schwarzer Spritz-glasur umranden, trocknen lassen. Mit weißem Zuckerguss knapp auffüllen und sofort mit der Pipette weißen Zuckerguss für Gesicht und Tup-fen aufbringen.

PUDEL
Den Pudelumriss mit schwarzer Spritzglasur umranden, trocknen lassen. Mit schwarzem Zuckerguss auffüllen, erneut trocknen lassen. Für die Locken an Schwanzspitze, Pfoten und Hals üppig weiße Spritzglasur auftragen.

SPANIEL, JACK RUSSELL UND MOPS
Die Umrisse der Hunde mit weißer Spritzglasur umranden, trocknen lassen. Mit weißem Zucker-guss knapp ausfüllen und sofort mit der Pipette schwarzen Zuckerguss für Gesicht und Tupfen aufbringen. Nach dem Trocknen mit schwarzer und weißer Spritzglasur Auge und Felldetails aufmalen.

Modenschau

Hier haben wir unsere eigene Farbpalette für eine ganze Kollektion mit schicken Accessoires entwickelt. Zucker-diamanten, Goldpuder und Glitzerzucker können einfache Kekse in „Bling-Bling-Plätzchen" verwandeln.

Formen
Ohrring (kleinste Puppenform verwenden)
Kleid
Sonnenbrille
Armbanduhr
Handtasche
High-Heels

Rezepte
1 Grundrezept Vanilleplätzchen (Seite 36), ausreichend für ca. 20–30 Plätzchen (abhängig von Formgröße und Teigdicke)
1 Grundrezept Royal Icing (Seite 21)

Spritzglasur
Mintgrün, Grau
Elfenbein, Weiß
Schwarz, Erbsengrün
Enzianblau
und Flieder

Zuckerguss
Mintgrün, Hellblau
Elfenbein, Weiß
Schwarz, Flieder

Deko
Goldpuder

PFAUENOHRRINGE
Mit elfenbeinfarbener Spritzglasur kleine, sich berührende Kreise für die Federn und einen Kreis oben für den Edelstein aufmalen, fünf Minuten trocknen lassen. Mit mintgrünem Zuckerguss füllen, trocknen lassen. Mit schwarzer und elfenbeinfarbener Spritzglasur verzieren.

KLEID
Mit schwarzer Spritzglasur am Ausschnitt einen ovalen Umriss auftragen, dann kleine Schlangenlinien in Mintgrün, Weiß, Schwarz, Grau und Enzianblau mit Spritzglasur über die gesamte Flache aufbringen. Mit schwarzem Zuckerguss das Oval füllen, trocknen lassen, mit weißer Spritzglasur Glanzpunkte aufmalen.

SONNENBRILLE
Gläser mit grauer Spritzglasur umranden, trocknen lassen. Flächen mit schwarzem Zuckerguss füllen, trocknen lassen. Kleine Blümchen mit grauer, weißer und mintgrüner Spritzglasur auftupfen, Reflexionen mit weißer, Brillengelenke mit grauer Spritzglasur aufmalen.

ARMBANDUHR
Mit fliederfarbener Spritzglasur eine doppelte Umrandung für die Uhr aufbringen. Kettenarmband ebenfalls fliederfarben auftragen, beides trocknen lassen. Ziffernblatt mit weißer Zuckerglasur ausfüllen, den Rand der Uhr mit fliederfarbener Glasur. Sobald alles getrocknet ist, Ziffern und Zeiger in Enzianblau, Glanzpunkte in Weiß mit Spritzglasur auftragen.

HANDTASCHE
Umriss und unteres Drittel mit mintgrüner Spritzglasur umranden, trocken lassen. Oberen Teil mit mintgrünem, unteren mit enzianblauem Zuckerguss ausfüllen. Nach dem Trocknen auf dem unteren Teil elfenbeinfarbene Spritzglasur wellenförmig auftragen, mit mintgrüner Spritzglasur die Henkel nachfahren. Details darauf ebenfalls mit elfenbeinfarbener Glasur auftragen und mit Goldpuder überstäuben, solange sie noch leicht feucht sind.

HIGH-HEELS
Absatz, Sohle und Riemchen mit mintgrüner Spritzglasur umranden, trocknen lassen und mit mintgrünem Zuckerguss ausfüllen. Mit elfenbeinfarbener Spritzglasur eine Rautenstruktur auf den noch feuchten Absatz malen. Alles trocknen lassen. Sohle, Riemchendetails und Muster mit elfenbeinfarbener Spritzglasur auftragen. Mit mintgrüner Glasur unteres Riemchen absetzen.

Im Schuhladen

Diese Plätzchen sind die einfachste Möglichkeit an einem Tag zu sechs neuen Paar Schuhen zu kommen. Ein wunderbares Geschenk für die beste Freundin – nur Männer werden wohl nie verstehen, was an Schuhen so faszinierend ist.

Formen

Sandalen mit Keilabsatz
Strickstiefel
Tanzschuhe
Stöckelschuhe
Turnschuhe

Rezepte

1 Grundrezept Spekulatius-Plätzchen (Seite 39), ausreichen für ca. 26 Schuhe (je nach Größe)
1 Grundrezept Royal Icing (Seite 21)

Spritzglasur

Rosa
Fuchsia
Schwarz
Rot
Limettengrün
Amethyst
Weiß

Zuckerguss

Rosa
Weiß
Limettengrün
Rot

Deko

bunter Glitzerzucker

SANDALEN MIT KEILABSATZ

Sohle und Absatz mit amethystfarbener Spritzglasur aufmalen, restlichen Schuh in Pink (einschließlich Innenteil, Loch, Riemen) umranden, fünf Minuten trocknen lassen. Oberteil mit limettengrünem Zuckerguss ausfüllen, nach dem Trocknen Schnalle und Blume mit Spritzglasur aufmalen.

STRICKSTIEFEL

Kreppsohle mit schwarzer Spritzglasur aufmalen, auf den restlichen Stiefel fuchsiafarbige Spritzglasur in kleinen Wellenlinien aufbringen. Richtung der Linien zum Schaft hin verändern. Zum Schluss rosa Ferse und schwarze Knöpfe mit Spritzglasur aufspritzen.

TANZSCHUHE

Mit Spritzglasur den Umriss innen und außen mit einer leuchtenden Farbe aufmalen, fünf Minuten trocknen lassen. Zunächst mit weißem Zuckerguss auffüllen, eine Minute trocknen lassen, dann mit Glitzerzucker bestreuen. Überschüssigen Zucker vorsichtig abklopfen, mit Spritzglasur noch eine Schleife aufmalen.

STÖCKELSCHUHE

Absatz, Sohle und Riemen mit amethystfarbener Spritzglasur umranden, trocknen lassen.

Riemen mit weißem, Sohle und Absatz mit limettengrünem Zuckerguss auffüllen, trocknen lassen. Kleine weiße Tupfen vorne anbringen, mit Glitzer bestreuen. Nach dem Trocknen überschüssigen Glitzerzucker vorsichtig abklopfen.

TURNSCHUHE

Umriss der roten Fläche mit fuchsiafarbener Spritzglasur aufmalen, mit weißer Spritzglasur Sohle und Schuhspitze hinzufügen. Fünf Minuten trocknen lassen. Rote Fläche mit Zuckerguss auffüllen, trocknen lassen. Details wie Löcher für Schnürsenkel, Luftlöcher und Sohlenabschluss mit schwarzer Spritzglasur aufmalen, weiße Glasur für Schnürsenkel, Nähte und Logohintergrund verwenden. Mit amethystfarbener Spritzglasur Logo oder Buchstaben aufspritzen.

Schule und Studium

Eine wunderhübsche Geschenkidee, wenn es um das Thema Schule geht. Als Dankeschön für Lehrer, als Überraschung für den gelungenen Abschluss, als Geschenk für eine bestandene Prüfung. Wer will, kann auch nur bunte Stifte backen und diese hübsch verpacken oder in einen ausgefallenen Becher stellen.

Formen

Schulbus
Apfel
Stift
Papierbogen
Tafel
Lineal
Winkelmesser
Palette

Rezepte

1 Grundrezept Lieblingsplätzchen des Beschenkten, ergibt mindestens 16 Plätzchen
1 Grundrezept Royal Icing (Seite 21)

Spritzglasur

Maisgelb
Orange
Rot
Enzianblau
Dunkelgrün
Braun
Weiß
Schwarz

Zuckerguss

Maisgelb
Rot
Orange
Weiß
Hellblau
Schwarz
Dunkelgrün

SCHULBUS

Umriss, Fensterrahmen und Spiegelhalterung mit gelber Spritzglasur aufmalen, fünf Minuten trocknen lassen. Schild und Scheinwerfer in Weiß, Rest in Gelb auffüllen. Nach dem Trocknen Details in Schwarz aufmalen.

PAPIERBOGEN

Umriss und Löcher mit Spritzglasur weiß umranden, fünf Minuten trocknen lassen. Fläche mit weißen Zuckerguss auffüllen, Luftbläschen mit einem Zahnstocher aufstechen. Plätzchen vorsichtig auf die Arbeitsfläche klopfen, damit sich der Guss gleichmäßig verteilt. Vor dem Trocknen mit Spritzglasur senkrecht eine dünne rote Linie für den Rand ziehen und in gleichmäßigem Abstand waagrechte blaue Linien.

APFEL

Mit Spritzglasur den Umriss einschließlich Bissstelle mit einer dünnen roten Linie markieren. Braunen Stiel und grünes Blatt aufspritzen. Fünf Minuten trocknen lassen, Apfel mit rotem Zuckerguss ausfüllen.

LINEAL, WINKELMESSER UND PALETTE

Die drei Gegenstände zunächst mit Spritzglasur weiß umranden, dann fünf Minutentrocknen. Anschließend die Flächen mit weißem Zuckerguss auffüllen, Luftbläschen aufstechen und erneut trocknen lassen. Zum Schluss mit schwarzer Spritzglasur oder farbig die Details aufmalen.

BUNTSTIFT

Mit Spritzglasur den Umriss des Stifts und eine Trennlinie zwischen Stiel und gespitztem Teil in schwarz auftragen, für die Mine einen bunten Tupfen auf die Plätzchenspitze geben. Nach dem Trocknen den Teil darunter mit weißem Zuckerguss auffüllen, für den Rest einen Zuckerguss in leuchtender Farbe wählen. Nach dem Trocknen dünne schwarze senkrechte Linien mit Spritzglasur aufmalen.

TAFEL

Mit brauner Spritzglasur den Rahmen der Tafel aufmalen. Tafelfläche nach dem Trocknen mit schwarzem Zuckerguss ausfüllen. Erneut trocknen lassen und die Tafel mit Spritzglasur oder Zuckerguss in Weiß beschriften.

Safari

Hier reicht der Platz nur für eine kleine Auswahl möglicher Tiere. Wer will, kann natürlich seine Lieblingstiere hinzufügen.

Formen

Löwe, Papagei
Nashorn, Giraffe
Schmetterling
Tiger, Krokodil
großer und
kleiner Elefant

Rezepte

1 Grundrezept Plätzchen mit Orange und Zimt (Seite 33), ausreichend für ca. 24–30 Plätzchen
1 Grundrezept Royal Icing (Seite 21)

Spritzglasur

Grau
Weiß
Maisgelb
Braun
Orange
Rot
Magenta
Schwarz
Dunkelgrün

Zuckerguss

Magenta
Dunkelgrün
Orange
Maisgelb
Grau
Braun
Hellblau
Rot
Weiß

LÖWE

Mähne mit orangefarbener Spritzglasur in kleinen kreisenden Bewegungen aufmalen, Kopf und Körper gelb umranden. Trocknen lassen, mit maisgelbem Zuckerguss auffüllen. Nach dem Trocknen Beine und Pfoten mit gelber Spritzglasur aufmalen, Schwanzspitze in Orange und Nase in Braun aufmalen.

PAPAGEI

Umriss und Abgrenzungen zwischen den Farbzonen mit Spritzglasur in Rot auftragen, fünf Minuten trocknen lassen. Zonen mit Zuckerguss in unterschiedlichen Farben ausfüllen, kurz antrocknen lassen. Schnabel, Krallen und Augen mit Spritzglasur aufmalen.

NASHORN

Mit Spritzglasur den Umriss in Grau aufspritzen, nach dem Trocknen mit grauem Zuckerguss ausfüllen. Erneut trocknen lassen und Horn, Zehen, Auge und Ohr mit weißer und schwarzer Spritzglasur aufmalen.

GIRAFFE

Kontur mit Spritzglasur gelb umranden, nach dem Trocknen mit maisgelbem Zuckerguss knapp ausfüllen. Braune Flecken noch in den feuchten Guss tropfen. Nach dem Trocknen Schwanz und Auge mit weißer und schwarzer Spritzglasur aufbringen.

SCHMETTERLING

Körper und Flügel mit Spritzglasur umranden, fünf Minuten trocknen lassen. Flügel in derselben Farbe auffüllen, mit Zuckerguss und Spritzglasur in leuchtenden Farben ausgestalten.

TIGER

Umriss mit schwarzer Spritzglasur aufbringen, trocknen lassen. Bauch, Ohren und Schnauze mit weißem Zuckerguss ausfüllen, für den restlichen Körper orangefarbenen Zuckerguss verwenden. Nach dem Trocknen Streifen und Gesicht mit schwarzer Spritzglasur aufmalen.

KROKODIL

Umriss mit dunkelgrüner Spritzglasur aufmalen, nach dem Trocknen mit grünem Zuckerguss ausfüllen. Trocknen lassen, weiße Zähne und braune Zehen mit Spritzglasur hinzufügen. Weißes Auge mit schwarzer Pupille und für die Krokohaut dunkelgrüne Punkte auftragen.

GROSSER UND KLEINER ELEFANT

Mit Spritzglasur Umrisse als dünne graue Linie auftragen, nach dem Trocknen mit grauem Zuckerguss ausfüllen. Trocknen lassen, mit weißer Spritzglasur Stoßzähne, Augen und Zehen hinzufügen, mit grauer Glasur eine Linie fürs Ohr auftragen. Zum Schluss eine schwarze Pupille malen.

Kunterbunter Zirkusspaß

Etwas für jeden Zirkusliebhaber. Wer will, kann natürlich andere Farben verwenden, aber diese hier passen besonders gut zu einer etwas altmodischen Zirkusszenerie.

Formen
Frack
Seelöwe
Elefant
Pierrot
Zirkuswagen
Zelt

Rezepte
1 Grundrezept Schoko-plätzchen mit Orange (Seite 34), ausreichend für ca. 20 Plätzchen
1 Grundrezept Royal Icing (Seite 21)

Spritzglasur
Schwarz
Weiß
Grau
Rot
Maisgelb

Zuckerguss
Orange
Rot
Pink
Grau
Weiß
Maisgelb

Deko
silberne und goldene Zuckerperlen

PIERROT
Umriss mit schwarzer Spritzglasur aufbringen, fünf Minuten trocknen lassen. Gesamte Fläche mit weißem Zuckerguss auffüllen, Luftbläschen mit einem Zahnstocher aufstechen. Nach dem Trocknen Details mit schwarzer Spritzglasur aufmalen. Zum Schluss Träne und Mund in Rot hinzufügen.

SEELÖWE
Mit Spritzglasur Ball rot umranden, mit Linien in Segmente teilen. Hocker rot umranden, Zickzacklinie hineinmalen. Umriss des Seelöwen in grau auftragen, fünf Minuten trocknen lassen. Ball abwechselnd in Pink und Weiß ausfüllen, Seelöwen mit grauem Zuckerguss, Hocker in Rot und Weiß. Nach dem Trocknen auf die Ballmitte einen roten Tupfen setzen. Hocker mit roten Tupfen und weißem Rand verzieren. Dem Seelöwen mit schwarzer Spritzglasur Schnauze und Auge aufmalen.

ELEFANT
Mit Spritzglasur den Umriss als dünne graue Linie auftragen, nach dem Trocknen mit grauem Zuckerguss auffüllen und trocknen lassen. Ball mit dünner roter Linie umranden, rote Streifen hineinmalen. Kopfschmuck und Decke rot umranden. Kurz antrocknen lassen und Kopfschmuck, Ballstreifen und Teppich mit pinkfarbenem Zuckerguss ausfüllen, trocknen lassen. Federn mit gelber Spritzglasur aufmalen, Ball mit rotem Zuckerguss auffüllen. Mit weißer Spritzglasur Stoßzähne, Augen und Zehen hinzufügen, zum Schluss in Schwarz die Pupille.

ZIRKUSWAGEN
Kontur mit Spritzglasur gelb umranden, fünf Minuten trocknen lassen. Flächen mit rotem Zuckerguss auffüllen, kurz antrocknen lassen. Tier aufmalen – z. B. einen weißen Eisbären. Mit gelber Spritzglasur Gitterstäbe und Verzierungen hinzufügen.

FRACK
Mit schwarzer Spritzglasur Details, (ohne Fliege und Knöpfe) aufmalen, fünf Minuten trocknen lassen. Frack in Rot, Weste in Orange, Kragen in Gelb und Hemd in Weiß mit Zuckerguss auffüllen, trocknen lassen. Zum Schluss mit schwarzer Spritzglasur Fliege und Knöpfe hinzufügen.

ZELT
Mit Spritzglasur Streifen mit dünnen Linien umranden, nach dem Trocknen mit weißem und rotem Zuckerguss füllen. In der Mitte mit roter Spritzglasur einen Teppich, mit schwarzer Glasur den Innenraum und Details wie Wimpel und Banner hinzufügen.

Winterfreuden

Sie können hier auch die neuesten Rodel, Schlittschuhe oder Snowboards zur Vorlage nehmen und in Ihren Lieblingsfarben verzieren.

Formen
Schal
Pulli
Strickmütze
Handschuhe
Schlittschuhe
Chalet
Skier

Rezepte
1 Grundrezept Spekulatiusplätzchen (Seite 39), ausreichend für ca. 26 Plätzchen
1 Grundrezept Royal Icing (Seite 21)

Spritzglasur
Weiß
Azurblau
Enzianblau
Braun
Rot
Schwarz
Grau

Zuckerguss
Rot
Weiß
Azurblau
Braun
Grau

SCHAL UND PULLI
Mit enzianblauer Spritzglasur Konturen umranden, trocknen lassen. Mit azurblauem Zuckerguss ausfüllen, trocknen lassen. Mit roter, weißer und enzianblauer Spritzglasur Muster aufmalen.

MÜTZE UND HANDSCHUHE
Umrisse mit roter Spritzglasur auftragen, Bommel, unteren Mützenrand und Oberteile der Handschuhe auslassen, trocknen lassen. Rote Flächen mit Zuckerguss auffüllen. Nach dem Trocknen mit weißer Spritzglasur Bommel, Mützen- und Handschuhrand weiß verzieren. Mützenmuster mit weißer, azur- und enzianblauer Glasur auftragen. Auf den Handschuhen mit roter und schwarzer Glasur die Schnüre aufmalen.

SCHLITTSCHUHE
Die Schuhkonturen mit weißer Spritzglasur umranden, trocknen lassen und mit weißem Zuckerguss auffüllen. Sohle und Absatz in Braun, Umrandung der Kufe in Grau mit Spritzglasur aufmalen. Nach dem Trocknen Kufe mit grauem Zuckerguss füllen, auf dem Schuh mit Schwarz Schnürlöcher, in Weiß Schnürsenkel mit Spritzglasur aufbringen.

CHALET
Mit brauner Spritzglasur Holzfassade und Fensterrahmen, mit weißer Glasur Dach und Schneefläche umranden, trocknen lassen. Mit braunem und weißem Zuckerguss füllen, trocknen lassen. Fenster mit enzianblauem Zuckerguss füllen, trocknen lassen. Treppe und Schornstein in Grau aufmalen, mit weißer Spritzglasur Fenster und Balkon umranden, auf Treppenstufen Schneereste aufmalen.

SKIER
Mit schwarzer Spritzglasur Skier umranden, vorderen und hinteren Teil abtrennen, trocknen lassen. Mitte mit azurblauem Zuckerguss füllen, Enden jeweils mit Rot. Nach dem Trocknen Bindung und Dekostreifen mit weißer, schwarzer und enzianblauer Spritzglasur auftragen.

Im Garten

In diesem Plätzchengarten gedeiht einfach alles, sofern wir unliebsame Krabbeltiere fern halten.

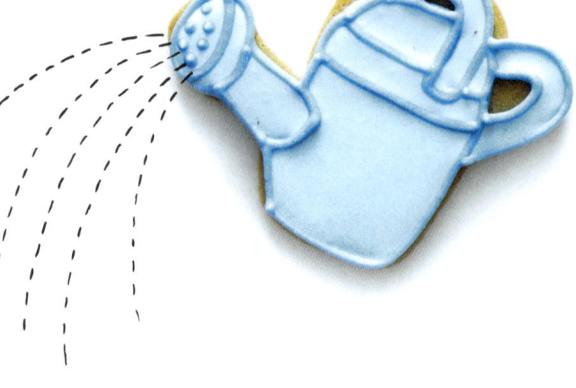

Formen
Gießkanne
Spaten
Schippe
Harke
Gummistiefel
Blumentopf
Möhre
Lauch
Tomate

Rezepte
1 Grundrezept Plätz-
chen mit Orange
(Seite 33), ausreichend
für ca. 50 Plätzchen
1 Grundrezept Royal
Icing (Seite 21)

Spritzglasur
Dunkelgrün
Hellgelb
Hellbraun
Rot
Schwarz (kleine
Menge)
Enzianblau
Weiß
Orange

Zuckerguss
Dunkelgrün
Hellbraun
Rot
Orange
Weiß
Hellblau

GIESSKANNE
Kannenkontur samt Griff und Ausguss mit enzianblauer Spritzglasur umranden, fünf Minuten trocknen lassen. Fläche mit hellblauem Zuckerguss auffüllen, nach dem Trocknen Details mit enzianblauen Glasurlinien aufmalen.

SPATEN, SCHIPPE UND HARKE
Mit Spritzglasur Griffe braun und Werkzeuge enzianblau umranden, fünf Minuten trocknen lassen. Griffe mit braunem, Werkzeuge mit hellblauem Zuckerguss auffüllen. Nach dem Trocknen mit enzianblauen Glasurlinien Details aufmalen.

GUMMISTIEFEL
Mit Spritzglasur Stiefel und Absatz dunkelgrün umranden, fünf Minuten trocknen lassen. Innenfläche mit grünem Zuckerguss auffül-len, trocknen lassen. Nähte und Erhöhungen mit grünen Glasurlinien aufmalen, für das Etikett rote und weiße, für die Schnalle schwarze Spritzglasur wählen.

MÖHRE
Möhrengrün mit grüner Spritzglasur aufmalen, Rest in rot umranden. Fünf Minuten trocknen lassen, Möhre mit orangefarbenem Zuckerguss auffüllen. Nach dem Trocknen mit roter Spritz-glasur Details anbringen.

LAUCH
Mit Spritzglasur unten weiß, oben grün umranden, fünf Minuten trocknen lassen. Danach unteren Teil mit weißem, oberen Teil mit grünem Zucker-guss auffüllen, trocknen lassen. Mit brauner Spritzglasur Wurzeln hinzufügen, Blattstruktur mit grüner Spritzglasur hervorheben.

TOMATE
Umriss mit der Spritzglasur auftragen, fünf Minuten trocknen lassen. Fläche mit rotem Zuckerguss ausfüllen. Nach dem Trocknen grü-nen Strunk aufspritzen.

BLUMEN-TOPF
Topf mit Spritzgla-sur braun umranden, oberen Rand als braune Linie auf-spritzen. Blumen und Blätter mit weißer, hellgelber und dunkelgrüner Spritzglasur aufmalen, fünf Minuten trocknen las-sen. Topf mit hellbraunem Guss füllen.

Flower Power

Diese Plätzchen sind besonders gut für Anfänger geeignet. Es gibt runde Ausstecher (z. B. mit geriffeltem Rand) und solche in Blumenform.

Formen
Blumen oder runde Ausstecher
Blatt (lässt sich auch durch überlappende runde Formen herstellen)

Rezepte
1 Grundrezept Schokoplätzchen (Seite 34); ergibt 20–24 Plätzchen
1 Grundrezept Royal Icing (Seite 21)

Spritzglasur
Dunkelgrün, Orange
Maisgelb, Pink
Weiß, Violett
und Dunkelblau

Zuckerguss
Dunkelgrün
Flieder, Maisgelb
Pink, Orange
Weiß, Azurblau

Deko
goldene und silberne Zuckerperlen
silberner Glitzerzucker

STERNBLUME
Mit weißer Spritzglasur in die Mitte einen breiten Kreis aufmalen, diesen mit pinkfarbenem Zuckerguss auffüllen. Kontur mit violetter Glasur umranden, trocknen lassen und mit violettem Zuckerguss füllen. Nach dem Trocknen Blütenblätter mit azurblauen Glasurstrichen dekorieren.

PASSIONSBLUME
In die Mitte mit Spritzglasur den pinkfarbenen Umriss eines größeren und kleineren Kreises aufbringen. Entstandenen Ring mit fliederfarbenem Zuckerguss, den Kreis in der Mitte mit pinkfarbenem Zuckerguss ausfüllen. Blütenblätter mit Spritzglasur pinkfarben umranden, nach dem Trocknen mit pinkfarbenem Zuckerguss ausfüllen. Staubgefäße mit weißen Glasurlinien aufmalen, mit Pink umranden.

AUBERGINENBLÜTE
In die Mitte einen Kreis aus sich berührenden weißen Pünktchen aufbringen, mit pinkfarbener Spritzglasur Blätter strahlenförmig aufmalen. Nach dem Trocknen Kreismitte mit maisgelbem Zuckerguss ausfüllen, winzige grüne Tupfen auf den weißen Ring setzen.

Tipps: Plätzchen auf dünnen Holzspießen befestigen. Diese vor dem Backen in der dicker ausgewellten Teig stecken. Plätzchen ca. 25 Minuten bei nur 130 °C backen, damit das Holz nicht verbrennt.
Blätter sind eine schöne Ergänzung dazu. Kinder freuen sich, wenn sie darauf kleine Löcher, Raupen oder Käfer entdecken können.

BLUME IM RETRO-STIL
Vom Rand entfernt nach innen einen Kreis aus sich berührenden weißen Pünktchen spritzen, mit orangefarbener Spritzglasur außenherum Blütenblätter malen. Nach dem Trocknen Kreismitte mit maisgelbem Zuckerguss und Blütenblätter orangefarben ausfüllen. Trocknen lassen und mit Spritzglasur in der Mitte einen kleinen grünen Kreis, außen herum eine grüne Wellenlinie malen. Grünen Kreis mit orangefarbenen Pünktchen umrunden.

KLEE
Kontur mit violetter Spritzglasur aufmalen. Fläche mit violettem Zuckerguss füllen, trocknen lassen. In die Mitte einen Kreis aus maisgelben Glasurpünktchen spritzen, Kreismitte mit pinkfarbenem Zuckerguss ausfüllen. Nach dem Trocknen pinkfarbene Mitte mit einem dünnen weißen Glasurkreis dekorieren.

Puppenhaus

In diesem Puppenhaus wird spektakuläres Essen serviert und die Möbel funkeln. Mit essbarem Goldpuder werden die Oberflächen mit einem Goldschimmer verschönert. Mit einem feinen Pinsel und einem sauberen Bürstchen können die erhabenen Elemente auf den Plätzchen vergoldet werden.

Formen

Anziehpüppchen
runder Ausstecher
Rechteck
Haus
Kommode
Standuhr

Rezepte

1 Grundrezept Vanilleplätzchen (Seite 36), ausreichend für ca. 1 Haus, 2 Püppchen und 12–18 Einrichtungsgegenstände
1 Grundrezept Royal Icing (Seite 21)

Spritzglasur

Elfenbein
Braun
Schwarz
Rot
Fuchsia
Magenta
Mintgrün
Rosa
Weiß
Erbsengrün

Zuckerguss

Elfenbein
Braun
Weiß
Hellblau
Rosa

SIE & ER

Gesicht, Hals, Arme und Beine mit weißer Spritzglasur umranden. Ihr Kleid in Rosa, sein Hemd in Azurblau und Hose in Braun, trocknen lassen. Kleid mit rosa Zuckerguss füllen, sofort mit Spritzglasur in Magenta und Elfenbein ein Muster aufbringen. Hemd und Hose mit Zuckerguss in Elfenbein, Hellblau und Braun ausfüllen. In den noch feuchten Guss das Hemdmuster mit Azurblau malen. Nach dem Trocknen Beine, Arme und Gesicht mit weißem Zuckerguss ausfüllen, noch auf den feuchten Guss rosa Wangen auftupfen. Für Sie nach dem Trocknen mit schwarzer Spritzglasur Haare und Augen, mit weißer Manschetten und die Falten des Kleids in rosa aufmalen. Zum Schluss eine magentafarbene Glasurschleife aufbringen. Für Ihn nach dem Trocknen Hemdkragen, -tasche und -aufschläge mit azurblauer Spritzglasur aufbringen, Hosenträger und Augen mit Braun, Manschetten und Karolinien auf dem Hemd mit Weiß, Knöpfe und Haar mit Elfenbein auftupfen. Hosenflecken mit brauner und azurblauer Glasur aufsetzen.

TELLER UND BILDER

Mit weißer Spritzglasur Tellerrand nachziehen, trocknen lassen, mit weißem Zuckerguss ausfüllen. Dessin in den noch feuchten Guss malen. Nach dem Trocknen Ihr Lieblingsessen mit Spritzglasur aufmalen.

PUPPENHAUS

Umrisse von Fenster und Tür in azurblau, Dach, Kamin und Wände mit brauner und weißer Spritzglasur umranden. Dach mit weißem, Wände mit braunem Guss auffüllen. Nach dem Trocknen Fugen, Fensterrahmen und Tür mit weißer Spritzglasur aufmalen. Dachziegel mit erbsengrüner, Vordach mit roter Glasur dekorieren. Zum Abschluss den Türknauf vergolden.

KOMMODE UND STANDUHR

Mit elfenbeinfarbener Spritzglasur Konturen von Kommode, Stuhl und Uhr umranden sowie Herzchen, Spiegelrand und Ziffernblatt aufbringen. Nach dem Trocknen alle elfenbeinfarbenen Flächen mit Zuckerguss ausfüllen, Spiegel mit Hellblau. Trocknen lassen, Details auf Kommode und Uhr, Zeiger und Ziffern mit elfenbeinfarbener Spritzglasur aufbringen. Weiße Reflexionen auf den Spiegel malen, alle erhabenen Details mit Goldpuder dekorieren.

Strandleben

Eine kleine Auswahl bunter Plätzchen für einen verträumten Sommertag am Strand. Auch bunte Bälle, Wimpel, Picknickkörbe, verschiedene Fische usw. passen dazu.

Formen

Möwe
Drachen
Bikini
Eis
Seestern
Eimer
Spaten
Strandhütte

Rezepte

1 Grundrezept Butterplätzchen (S. 37) oder Schokoplätzchen (S. 34), ausreichend für 28–40 Plätzchen
1 Grundrezept Royal Icing (Seite 21)

Spritzglasur

Maisgelb, Orange
Rot, Weiß
Enzianblau, Schwarz
Erbsengrün, Braun

Zuckerguss

Orange, Maisgelb
Rot, Weiß
Enzianblau und Erbsengrün

Deko

Zuckerstreusel fürs Eis
brauner Zucker oder Glitzerzucker für den Sand

MÖWE

Möwe komplett mit weißer und schwarzer Spritzglasur ausfüllen. Zum Schluss orangefarbenen Schnabel und schwarzes Auge mit Glasur hinzufügen.

DRACHEN

Drachensegmente mit Spritzglasur maisgelb umranden, Schwanz als dünne gelbe Linie aufmalen. Nach dem Trocknen Flächen mit enzianblauem und gelbem Zuckerguss füllen, Schwanz mit Glasurschleifen verzieren.

BIKINI

Umriss mit dünner roter Glasurlinie aufspritzen, Flächen nach dem Trocknen mit rotem Zuckerguss knapp füllen. Noch feucht kleine weiße Tupfen aufspritzen.

STRANDHÜTTE

Hütte nur mit Spritzglasur dekorieren: Umriss und Türrahmen in Weiß aufmalen, trocknen lassen. Dünne Streifen in Erbsengrün aufspritzen, Rest mit weißen Streifen ergänzen. Fläche vor der Hütte mit weißer Spritzglasur auffüllen, sofort mit braunem Zucker bestreuen. Nach dem Trocknen noch Namensschild und schwarzen Türgriff hinzufügen.

EIS

Eisstiele oder Waffeln mit brauner Spritzglasur gestalten, trocknen lassen. Für die Eiskugeln Spritzglasur in verschiedenen Farben dick auftragen und sofort mit Zuckerstreuseln dekorieren.

SEESTERN

Mit Spritzglasur in orange, grün oder gelb den Umriss umranden. Trocknen lassen, Fläche in derselben Farbe ausfüllen. Arme nach dem Trocknen mit gleichfarbigen Pünktchen mit Spritzglasur dekorieren, mit weißer und schwarzer Glasur kleine Augen aufmalen.

EIMER

Mit Spritzglasur Eimer gelb umranden, oberen Rand und Ösen aufspritzen. Fläche mit gelbem Zuckerguss auffüllen, trocknen lassen. Für den Sand mehr Zuckerguss auftragen, sofort mit braunem Zucker bestreuen. Nach dem Trocknen weißen Glasurhenkel aufspritzen.

SPATEN

Umriss mit gelber Spritzglasur aufbringen, Fläche nach dem Trocknen mit gelbem Zuckerguss auffüllen. Auf das noch feuchte Spatenblatt für den Sand etwas braunen Zucker streuen.

Tropisches Aquarium

Bunt und ganz unterschiedlich zeigen sich hier die tropischen Fische mit ihren Freunden im schönen Kontrast zum dunklen Untergrund der Schokoplätzchen.

Formen
Anemone
verschiedene Fische
Seetang und Koralle
Seestern
Krabbe
Hummer

Rezepte
1 Grundrezept Schokoplätzchen (Seite 34), ausreichend für ca. 30 Plätzchen
1 Grundrezept Royal Icing (Seite 21)

Spritzglasur
Fraise
Pink
Orange
Weiß
Azurblau
Mintgrün
Maisgelb
Erbsengrün
Schwarz

Zuckerguss
Orange
Azurblau
Fraise
Schwarz
Erbsengrün
Pink
Weiß
Magenta
Maisgelb

ANEMONE
Tentakeln mit pinkfarbener Spritzglasur umranden, Untergrund mit der passenden Zuckergussfarbe füllen, trocknen lassen. Dünne Linien und kleine Punkte mit weißer und pinkfarbener Spritzglasur aufbringen.

REGENBOGENFISCH
Mit Spritzglasur den Körper in Orange umranden, Flossen mit pinkfarbenen und azurblauen Glasurstreifen versehen, trocknen lassen. Körper mit abwechselnd mit rotem, weißem, maisgelbem und pinkfarbenem Zuckerguss vorsichtig füllen. Noch feucht azurblaue Streifen und Auge mit weißem und schwarzem Guss aufbringen. Nach demselben Prinzip, aber mit anderen Farben, die verschiedenen Fische verzieren. Punkte immer nach dem Trocknen zum Schluss mit Spritzglasur aufbringen.

KORALLE UND SEETANG
Konturen entweder mit erbsengrüner (Tang) oder orangefarbener Spritzglasur (Koralle) umranden, trocknen lassen. Mit den entsprechende Zuckergussfarben füllen. Nach dem Trocknen mit erbsengrüner und orangefarbener Glasur Punkte und Kringel aufmalen.

SEESTERN
Mit Spritzglasur in Fraise die Kontur umranden. Trocknen lassen und Fläche sparsam mit weißem Zuckerguss ausfüllen. Noch in den feuchten Guss mit fraisefarbenem Guss Muster aufbringen. Nach dem Trocknen kleine Pünktchen mit Spritzglasur in Fraise aufsetzen.

KRABBE UND HUMMER
Körper und Scheren der Krabbe mit fraisefarbener Spritzglasur umranden, trocknen lassen und beides mit Zuckerguss in Fraise füllen. In den noch feuchten Guss Punkte in Mintgrün, Azurblau und Schwarz aufbringen. Nach dem Trocknen mit fraisefarbener Glasur die Details auf Scheren und Körper sowie die Beine aufmalen, mit Schwarz und Weiß die Augen ergänzen. Hummer nach demselben Prinzip mit Spritzglasur und Zuckerguss in Orange und Fraise dekorieren (siehe Abb.).

Pferdestärken

Es gibt nahezu jedes Fahrzeugmodell auch als Ausstecher. Suchen Sie sich Ihres aus und dekorieren Sie es in Ihren Wunschfarben – mit oder ohne Rallyestreifen.

Formen
Schlüssel (kleinste Matrjoschkaform dafür verwenden)
Motorrad
Dreieck (von Hand ausschneiden)
Fiat 500, Käfer
VW-Bus
Mini Cooper (Dekoration und Form, s. Abb.)

Rezepte
1 Grundrezept Vanilleplätzchen (Seite 36), ausreichend für ca. 20 Fahrzeuge
1 Grundrezept Royal Icing (Seite 21)

Spritzglasur
Schwarz, Grau
Maisgelb, Rot
Pink, Enzianblau
und Weiß

Zuckerguss
Schwarz, Grau
Maisgelb, Hellbraun
Rot, Pink
Azurblau, Orange
Elfenbein, Erbsengrün

WARNSCHILD
Äußeres Dreieck mit roter, inneres mit weißer Spritzglasur umranden, trocknen lassen. Äußeres Dreieck mit rotem Zuckerguss füllen, fünf Minuten abwarten, dann Inneres mit weißem füllen. Erneut trocknen lassen. Mit schwarzer Spritzglasur auf dem weißen Dreieck ein Ausrufezeichen aufmalen.

SCHLÜSSEL

Mit schwarzer Spritzglasur den Griff, mit grauer den Schlüssel umranden, trocknen lassen. Flächen jeweils mit schwarzem und grauem Zuckerguss füllen. Nach dem Trocknen Details mit schwarzer und grauer Glasur aufbringen.

MOTORRAD
Verkleidung mit maisgelber Spritzglasur, Motor und Reifen mit schwarzer und Auspuff mit grauer Glasur umranden. Nach dem Trocknen die Flächen mit entsprechendem Guss füllen, trocknen lassen. Details auf Verkleidung und Motor mit schwarzer Spritzglasur aufbringen, Bremsscheiben, Auspuffdetails und Schwinge mit grauer Glasur aufmalen.

FIAT 500 & KÄFER
Kontur, Fenster und Frontscheibe mit roter Spritzglasur umranden, trocknen lassen und Fenster sowie Frontscheibe mit grauem Zuckerguss füllen, für die Karosserie roten Guss verwenden. Mit schwarzer Glasur innere und äußere Kreise auf die Reifen malen, trocknen lassen. Reifen mit schwarzem Zuckerguss, Radkappen mit grauem Guss füllen. Nach dem Trocknen Details mit Spritzglasur für Lichter und Radkappen in Weiß, für Griffe und Chromteile in Grau aufbringen. beim Käfer statt Rot einfach Pink verwenden, die Reihenfolge ist identisch.

VW-BUS
Den unteren Teil des Busses mit enzianblauem Zuckerguss umranden, das Oberteil sowie die Fenster mit Weiß. Nach dem Trocknen den unteren Bereich mit azurblauem Zuckerguss füllen, das Dach mit weißem und den restlichen Aufbau mit elfenbeinfarbenem Guss. Die Reifen mit zwei Kreisen in schwarzer Glasur umranden, trocknen lassen. Danach den äußeren Kreis mit schwarzem Guss, den inneren mit Grau füllen. Details mit schwarzer und weißer Glasur aufbringen.

London

Die Geburtsstadt unserer Plätzchenbäckerei!
Die Sehenswürdigkeiten ergeben traumhafte
Plätzchen, vor allem lassen sich Gebäude ganz einfach
aus quadratischen oder rechteckigen Plätzchen zaubern.

Formen

runde Aussteher
(U-Bahn Schild)
Taxi
Telefonhäuschen
Briefkasten
London Bridge
Big Ben
ovaler Ausstecher
(London Eye)

Rezepte

1 Grundrezept Schokoplätzchen (Seite 34),
ausreichend für
ca. 30 Plätzchen
1 Grundrezept Royal
Icing (Seite 21)

Spritzglasur

Maisgelb
Schwarz
Weiß
Rot
Braun
Hellbraun
Grau

Zuckerguss

Schwarz
Rot
Weiß
Grau
Hellbraun
Enzianblau

U-BAHN-SCHILD

Mit Spritzglasur ein Rechteck für das Namensschild, den äußeren Kreis mit dünner gelber Linie aufmalen, inneren Kreis weiß umranden. Fünf Minuten trocknen lassen und Namensschild mit blauem, inneren Kreis mit weißem und äußeren Kreis mit rotem Zuckerguss ausfüllen, erneut trocknen lassen. Namen der Station mit weißer Spritzglasur aufbringen.

TAXI

Mit Spritzglasur Rahmen und Fenster grau umranden, Stellen für die Reifen frei lassen, trocknen lassen. Fläche mit schwarzem Zuckerguss auffüllen, Räder mit schwarzer Spritzglasur aufmalen. Nach dem Trocknen Kühlergrill und Fenster in grauer Glasur hinzufügen, weitere Details in anderen Farben mit Spritzglasur anbringen.

TELEFONHÄUSCHEN

Umriss und Fensterrahmen mit roter Spritzglasur auftragen, Sockel schwarz umranden. Nach dem Trocknen Dach und unteren Teil mit rotem, Sockel mit schwarzem Zuckerguss ausfüllen. Lichtleiste unterm Dach mit weißem Zuckerguss ausfüllen, Fenster frei lassen oder mit schwarz ausfüllen.

BRIEFKASTEN

Briefkasten mit Spritzglasur rot, Sockel schwarz umranden, dazwischen eine rote Trennlinie ziehen. Nach dem Trocknen oberen Teil mit rotem, unteren Teil mit schwarzem Zuckerguss auffüllen, erneut trocknen lassen. Zum Schluss mit roter, schwarzer und weißer Spritzglasur verschiedene Details anbringen.

LONDON BRIDGE

Ein Foto der berühmten Brücke als Vorlage nehmen, zunächst beide Türme und Sockel mit Spritzglasur braun umranden. Nach dem Trocknen Türme mit weißem, Sockel mit hellbraunem Zuckerguss auffüllen, fünf Minuten trocknen lassen. Türme mit brauner Spritzglasur weiter ausgestalten, Brücke mit weißer und blauer Spritzglasur aufmalen.

BIG BEN

Umriss mit weißer Spritzglasur aufmalen, Innenfläche nach dem Trocknen weiß mit Zuckerguss auffüllen. Trocknen lassen, mit grauer und brauner Glasur die Uhr und Mauersteine aufmalen.

LONDON EYE

Mit weißer Spritzglasur äußeren Rahmen und Rad aufmalen, Speichen und Innenrahmen in Grau aufspritzen. Zum Schluss mit schwarzer und grauer Glasur kleine runde Gondeln hinzufügen.

Paris

Das sind unsere Schnappschüsse der mondänen Metropole. Ein rosa Zwergpudel und die wichtigsten Sehenswürdigkeiten machen das Parisbild komplett.

Formen
Eiffelturm
Pudel
Straßenschilder
Boulangerie (Bäckerei)
Triumphbogen
Notre Dame

Rezepte
1 Grundrezept Schokoplätzchen (Seite 34), ausreichend für ca. 30 Plätzchen (Teigreste für kleine Pudel verwenden)
1 Grundrezept Royal Icing (Seite 21)

Spritzglasur
Azurblau
Grau
Blattgrün
Weiß
Rosa
Pink
Rot
Schwarz

Zuckerguss
Weiß
Azurblau
Rosa
Enzianblau
Grau

EIFFELTURM
Spitzes dreieckiges Plätzchen blau umranden, mit grüner Spritzglasur waagrechte Linien für den Rasen hineinspritzen. Fünf Minuten trocknen lassen, restliche Fläche mit enzianblauem Zuckerguss auffüllen. Noch vor dem Trocknen mit weißem Zuckerguss Tupfen für die Wolken hineindrücken. Zwei Minuten trocknen lassen, mit schwarzer Spritzglasur den Eiffelturm aufmalen.

STRASSENSCHILDER
Kontur mit grauer Spritzglasur auftragen, eigentliches Namensschild und Schild für den Stadtteil blau umranden. Äußeren Rahmen mit grauem, beide Beschriftungsflächen mit azurblauem Zuckerguss auffüllen, trocknen lassen. Für die Schrift und weitere Details weiße und graue Spritzglasur verwenden.

PUDEL
Mit Spritzglasur den Umriss in Pink aufbringen, fünf Minuten trocknen lassen. Innenfläche mit

rosa Zuckerguss auffüllen, nach dem Trocknen Details in Schwarz und Pink auftragen.

BOULANGERIE
Dach, Tür und Fenster azurblau umranden, Sockel mit roter Spritzglasur ausfüllen, fünf Minuten trocknen lassen. Dach und Seiten mit weißem Zuckerguss auffüllen, nach dem Trocknen Blumen, Türknauf, Beschriftung usw. in den entsprechenden Farben mit Spritzglasur aufmalen. Die abgebildete Boulangerie ist ein kleines Kunstwerk, sie lässt sich aber auch einfacher gestalten!

TRIUMPHBOGEN UND NOTRE DAME
Für den Triumphbogen das viereckige Plätzchen blau umranden, mit grauer Spritzglasur die Kontur des Triumphbogens aufmalen. Fünf Minuten trocknen lassen, dann entsprechende Flächen mit weißem und azurblauem Zuckerguss auffüllen. Mit grauer Spritzglasur den Triumphbogen weiter ausgestalten. Bei der Kathedrale genauso verfahren, blauen Hintergrund jedoch weglassen.

New York

Die bunte Weltstadt schreit nach poppigen Farben, die Ausführungen sind aber ziemlich geradlinig. Hier sind Sehenswürdigkeiten aus der Stadt, die niemals schläft, zu finden. Sie können Bagels, Straßennamen, Brücken usw. hinzufügen.

Formen
Taxi
runder Ausstecher
(NY-Button)
Hot Dog
Wolkenkratzer
Straßenschilder
Freiheitsstatue

Rezepte
1 Grundrezept Schokoplätzchen (Seite 34), ausreichen für ca. 30 Plätzchen (aus den Teigresten weitere Hot Dogs und Buttons ausstechen)
1 Grundrezept Royal Icing (Seite 21)

Spritzglasur
Weiß
Grau
Schwarz
Rot
Maisgelb
Mintgrün
Braun

Zuckerguss
Dunkelgrün
Elfenbein
Grau
Braun
Mintgrün
Senfgelb
Rot

TAXI
Andere Farben verwenden (Maisgelb, Schwarz, Grau, Weiß und Rot), aber nach demselben Prinzip wie für das Taxi auf Seite 121 vorgehen.

NY-BUTTON
Plätzchen mit Spritzglasur rot umranden, fünf Minuten trocknen lassen. Fläche mit rotem Zuckerguss ausfüllen, erneut trocknen lassen. „I" und „NY" in Schwarz mit Glasur aufspritzen, dazwischen ein weißes Herz aufmalen. Zum Schluss mit Glasur den Apfelstiel in Schwarz anbringen.

HOT DOG
Würstchen mit Spritzglasur braun, Brötchenhälften weiß umranden, fünf Minuten trocknen lassen. Würstchen mit braunem, Brötchenhälften mit elfenbeinfarbenem Zuckerguss auffüllen, erneut trocknen lassen. Zum Schluss Ketchup und Senf als rote und gelbe Schlangenlinie mit Spritzglasur aufmalen.

WOLKENKRATZER
Kontur zunächst mit Spritzglasur als dünne graue Linie aufspritzen, fünf Minuten trocknen lassen. Fläche mit grauem Zuckerguss ausfüllen, erneut trocknen lassen. Details wie Fenster, Türen usw. mit grauer Glasur aufspritzen.

STRASSENSCHILDER
Schilder mit Spritzglasur weiß umranden, fünf Minuten trocknen lassen. Fläche mit grünem Zuckerguss ausfüllen, erneut trocknen lassen und einen weißen Straßennamen mit Glasur aufspritzen.

FREIHEITSSTATUE
Figur mit mintgrüner Spritzglasur umranden, Flamme aussparen. Trocknen lassen, mit mintgrünem Zuckerguss auffüllen und erneut trocknen lassen. Details wie Faltenwurf mit Spritzglasur in Mintgrün aufbringen, Flamme gelb und Innenteil der Krone grau gestalten.

Plätzchenklassiker

Natürlich lassen sich auch klassische gefüllte Plätzchen-
formen mit Zuckerguss verzieren. Allerdings sind sie dann
viel zu hübsch, um sie einfach in den Tee zu tunken.

REZEPT FÜR BUTTERCREME

100 g Butter
200 g Puderzucker

Beide Zutaten mit dem gewünschten Aroma gut vermischen, bis eine Creme von locker schaumiger Konsistenz entsteht. Buttercreme bis zur Verwendung gut mit Klarsichtfolie bedecken, da sie sonst hart wird.

BUTTERCREME-AROMEN

Vanille: ein paar Tropfen Vanilleessenz untermischen
Schokolade: 1–2 TL gesiebtes Kakaopulver untermischen
Zitrone oder Orange: sehr fein abgeriebene Schale von zwei unbehandelten Zitronen oder Orangen untermischen
Kaffee: 1 TL Instantkaffee untermischen

BUTTERCREME-PLÄTZCHEN

1 Grundrezept Vanilleplätzchen (Seite 36)
1 Grundrezept Vanillebuttercreme
1 Grundrezept Royal Icing (Seite 21), elfenbeinfarben eingefärbt (Seite 23)
1 Spritzbeutel

Ca. 40 Plätzchen von Hand ausschneiden oder mit rechteckiger Form ausstechen und nach Anleitung backen, abkühlen lassen. 20 Plätzchen mit Spritzglasur nach dem Vorbild auf der rechten Seite verzieren. Mit einem Palettenmesser Buttercreme auf den restlichen Plätzchen verstreichen, verzierte Plätzchen darauflegen und leicht andrücken.

LINZER PLÄTZCHEN

1 Grundrezept Mandelplätzchen (Seite 37) oder Spekulatius-Plätzchen (Seite 39)
1 Spritzbeutel Glasur, mit Himbeersaft aromatisiert und gefärbt
5 EL Himbeerkonfitüre
1 runder Ausstecher mit Wellenrand
Mini-Ausstecher für die Mitte

Ca. 40 runde Plätzchen mit der größeren runden Form ausstechen, bei 20 mit einem kleinen Ausstecher ein Loch oder Herzchen in die Mitte schneiden. Plätzchen backen, nach dem Abkühlen auf die unteren Plätzchen einen Rand aus Spritzglasur aufbringen und in die Mitte etwas Marmelade geben und dort gleichmäßig verteilen. Jeweils ein Plätzchen mit Loch darauflegen und leicht andrücken.

BOURBON-PLÄTZCHEN

1 Grundrezept Schokoplätzchen (Seite 34)
1 Grundrezept Schokoladenbuttercreme
1 Spritzbeutel dunkelbraune Glasur

Ca. 40 Plätzchen von Hand ausschneiden oder mit einer rechteckigen Ausstechform ausstechen, mit einer Gabel ein Lochmuster hineinstechen. Plätzchen nach Anleitung backen, abkühlen lassen. Auf die Hälfte der Plätzchen mit Zuckerguss den Namen spritzen, auf die andere Hälfte die Creme aufstreichen. Dann beide jeweils sanft zusammendrücken.
Oreo-Plätzchen nach dem gleichen Prinzip backen, allerdings runde Plätzchen ausstechen, als Füllung helle Buttercreme verwenden und mit braunem Zuckerguss das typische Oreo-Muster aufspritzen.

Kleine Krabbeltiere

Witzige kleine Tierchen, die sich nach Wunsch niedlich oder grimmig gestalten lassen. Wir hatten mal eine Spinne gebacken, die so echt aussah, dass sie niemand essen wollte. Auf jeden Fall eignen sich diese Plätzchen wunderbar als Partyüberraschung oder mit Initialen versehen als kleine Geschenke für Kinder.

Formen

Schnecke
Raupe, Marienkäfer
Libelle, Lurch
und Frosch

Rezepte

1 Grundrezept Spekulatius-Plätzchen (Seite 39), ausreichen für ca. 3 Plätzchen pro Form
1 Grundrezept Royal Icing (Seite 21)

Spritzglasur

Limettengrün
Blattgrün
Rosa
Mintgrün
Blattgrün
Maisgelb
Rot
Schwarz
Weiß

Zuckerguss

Limettengrün
Blattgrün
Rosa
Hellblau
Rot
Schwarz
Maisgelb

Deko

lila Glitzerzucker

SCHNECKE

Körper mit Spritzglasur in Rosa umranden, fünf Minuten trocknen lassen und mit rosa Zuckerguss füllen. Schneckenhaus nur mit Guss von der Mitte ausgehend als Spirale malen. Augen und Fühler in Schwarz mit Glasur hinzufügen.

MARIENKÄFER

Kopf mit schwarzer Spritzglasur, Umrandung des Körpers mit roter Spritzglasur aufmalen, fünf Minuten trocknen lassen. Körper mit rotem Zuckerguss knapp auffüllen, sofort mit schwarzem Guss kleine Punkte hineinmalen. Nach dem Trocknen mit schwarzer Spritzglasur Beinchen, Fühler und eine Mittellinie hinzufügen.

RAUPE

Gesamte Raupe mit dünner blattgrünen Glasurlinie umranden, fünf Minuten trocknen lassen. Fläche mit Zuckerguss in Limettengrün auffüllen, trocken lassen. Mit blattgrüner Spritzglasur einzelne Segmente aufmalen, mit Schwarz Augen, Fühler und Beinchen hinzufügen.

LIBELLE

Körper, Kopf und Umrandung der Flügel mit mintgrüner Spritzglasur aufmalen, fünf Minuten trocknen lassen. Flügel in hellblau mit Zuckerguss ausfüllen, eine Minute trocknen lassen und mit einem Hauch lila Glitzerzucker bestreuen.

LURCH

Ganzen Lurch mit blattgrüner Spritzglasur bedecken, nur zwei kleine Stellen für die Augen frei lassen. Kurz antrocknen lassen, kleine maisgelbe Streifen und weiße Augen mit schwarzen Pupillen aufspritzen.

FROSCH

Kontur als dünne blattgrüne Glasurlinie aufspritzen, trocknen lassen. Fläche mit blattgrünem Zuckerguss füllen, mit maisgelbem Guss winzige Tupfen hineindrücken. Nach dem Trocknen mit Spritzglasur weiße Augen mit schwarzen Pupillen aufbringen.

Cowboys und Indianer

Die liebevoll gestalteten Plätzchen sind bei Kindern jeglichen Alters beliebt. Kaktus hat noch nie so gut geschmeckt! Wer genug Teig hat, kann ganze Siedlungen mit verschieden gemusterten Tipis zusammenstellen.

Formen
Tipi
Cowboystiefel
Pferd
Kaktus
Federschmuck
Cowboyhut

Rezepte
1 Grundrezept Schoko-plätzchen mit Orange (siehe Seite 34), ausreichend für 3 Paar Stiefel, 6 Kakteen, 2 Pferde, 1 Federschmuck, 1 Cowboyhut, 2 Tipis, 6 Pfeile, 2 Revolver 1 Grundrezept Royal Icing (Seite 21)

Spritzglasur
Dunkelgrün
Khaki
Limettengrün
dunkles Elfenbein
Rot
Schwarz
Enzianblau
Maisgelb
Braun
Weiß

Zuckerguss
Dunkelgrün
Braun
Khaki
dunkles Elfenbein

TIPI
Zelt mit brauner Spritzglasur umranden, fünf Minuten trocknen lassen. Fläche mit elfenbein-farbenem Zuckerguss auffüllen, erneut trocknen lassen. Mit schwarzer Spritzglasur Holzstäbe an der Spitze aufmalen, Zelt mit Indianermustern in Rot, Gelb und Blau schmücken.

COWBOYSTIEFEL
Stiefel mit Spritzglasur braun umranden, fünf Minuten trocknen lassen und die Fläche in Elfenbein mit Zuckerguss füllen. Nach dem Trocknen mit brauner Spritzglasur Bordüren und Absätze aufmalen, weiße Pünktchen als Nähte auf-spritzen.

PFERD
Pferd elfenbeinfarben mit Spritz-glasur umranden, fünf Minuten trocknen lassen und mit Zuckerguss in derselben Farbe ausfüllen. Nach dem Trocknen mit Spritzglasur einen brau-nen Schweif, braune Hufe, Augen und Ohren auf-malen, Satteldecke in bunten Farben gestalten.

KAKTUS
Kakteen dunkelgrün mit Spritzglasur umranden, fünf Minuten trocknen las-sen und mit dunkelgrünem Zuckerguss auffüllen. Mit limettengrüner Spritzgla-sur nach dem Trocknen dünne Linien oder dunkel-grüne Punkte als Stacheln aufmalen.

FEDERSCHMUCK
Ausschließlich Spritzglasur verwenden: Zunächst ein weißes Band und den weißen Teil der Federn aufzeichnen, Federspitzen rot und grün auf-malen, Federkiele in Maisgelb.

COWBOYHUT
Hut mit Spritzglasur braun umran-den, fünf Minuten trocknen lassen und mit khakifarbenem Zucker-guss auffüllen.

Piratenparty

Ziehen Sie dieser abenteuerlustigen Crew die Lieblings-T-Shirts Ihrer Kinder an und die kleinen Partygäste werden einen Riesenspaß haben.

Formen
Pirat
Piratenschiff
Schatztruhe
Totenschädel
Palme
Entermesser

Rezepte
1 Grundrezept der Lieblingsplätzchen Ihrer Kinder; ergibt 14–18 Plätzchen
1 Grundrezept Royal Icing (Seite 21)

Spritzglasur
Rot
Weiß
Schwarz
Azurblau
Blattgrün
Senfgelb
Orange
Braun

Zuckerguss
Rot
Weiß
Schwarz
Braun
Blattgrün

Deko
silberner und goldener Glitzerzucker

PIRAT
Hutumrandung, Haken, Hand, Stiefel und Holzbein mit schwarzer Spritzglasur zeichnen, zwei Minuten trocknen lassen. Hut mit schwarzem Zuckerguss füllen. Hemd mit weißer und roter Spritzglasur füllen, Hose mit roter umranden, in der Mitte für den Gürtel frei lassen. Hose rot mit Zuckerguss ausfüllen. Nach dem Trocknen einen buschigen orangefarbenen Glasurbart aufspritzen, ein weißes Gesicht und Augen hinzufügen. Individuelle Details wie Augenklappe, Gürtel, Grinsen, Auge und Hut aufbringen. Alternativ das Hemd mit Weiß füllen, trocknen lassen und mit bunten Farben Linien aufmalen.

PIRATENSCHIFF
Rumpf und Vordeck mit Spritzglasur braun umranden, Vordeck mit dünnen braunen Linien ausfüllen. Segel weiß umranden, Trennlinien für die Streifen ziehen. Nach dem Trocknen Rumpf mit braunem Zuckerguss ausfüllen, mit Zuckerguss rote und weiße Streifen auf das Segel ziehen. Details wie Piratenfahne, Anker und Bullaugen mit Spritzglasur aufmalen.

SCHATZTRUHE
Deckel und Truhe mit Spritzglasur braun umranden, dazwischen einen Spalt für den Schatz lassen, trocknen lassen. Flächen mit braunem Zuckerguss auffüllen, erneut trocknen lassen. Schatz, Schloss, Griffe und Scharniere mit gelber Spritzglasur aufzeichnen, kurz antrocknen lassen und goldenen Glitzerzucker darüberstreuen.

TOTENKOPF
Totenkopf einschließlich Augen, Nase, Mund und Knochen mit Spritzglasur schwarz umranden. Nach dem Trocknen mit weißem Zuckerguss auffüllen, Luftbläschen mit einem Zahnstocher aufstechen.

PALME
Mit Spritzglasur Stamm braun und Palmwedel grün umranden, fünf Minuten trocknen lassen. Mit passendem Zuckerguss auffüllen. Nach dem Trocknen waagrechte Linien auf Stamm und Kokosnüsse mit brauner Spritzglasur auftragen, gefiederte Blätter durch grüne Linien andeuten.

ENTERMESSER
Klinge weiß umranden, Griff mit gelber Spritzglasur aufmalen. Klinge mit weißem Zuckerguss füllen, eine Minute antrocknen lassen und etwas silbernen Glitzerzucker darüberstreuen.

Spielzeugkiste

Endlich mal Spielzeug, das gerne aus dem Weg geräumt wird. Lassen Sie Ihre Kinder einfach ihre Lieblingsspielsachen aussuchen!

Formen
Rennauto, Glockenspiel
Flugzeug, Eisenbahn
russische Puppen
(Matrjoschka)

Rezepte
1 Grundrezept Butter-
plätzchen (Seite 37),
ausreichend für ca. 30
Plätzchen
1 Grundrezept Royal
Icing (Seite 21)

Spritzglasur
Maisgelb
Orange
Blattgrün
Azurblau
Rot
Braun
Rosa
Weiß

Zuckerguss
Maisgelb
Orange
Blattgrün
Azurblau
Rot
Weiß

Deko
silberne Zuckerperlen

RENNAUTO
Mit Spritzglasur Reifen innen und außen rot umranden, Rest in einer Lieblingsfarbe umranden, beides nach dem Trocknen mit Zuckerguss in den entsprechenden Farben auffüllen. Nach erneutem Trocknen mit gelbem Zuckerguss einen kleinen Kreis auf die Tür malen, zum Schluss ein schwarzes Lenkrad und eine Zahl auf den gelben Untergrund mit Spritzglasur aufbringen.

GLOCKENSPIEL
Stäbe in verschiedenen Farben mit Spritzglasur umranden, fünf Minuten trocknen lassen, dann mit Zuckerguss in den entsprechenden Farben ausfüllen. Details und zwei Klöppel mit brauner Spritzglasur aufmalen, Enden der Klöppel nach Geschmack mit silbernen Zuckerperlen dekorieren.

FLUGZEUG
Verschiedene Flugzeugteile mit Spritzglasur in unterschiedlichen Farben umranden, trocknen lassen und mit Zuckerguss in den entsprechenden Farben füllen. Details mit Spritzglasur hinzufügen.

EISENBAHN
Konturen der einzelnen Teile mit Spritzglasur rot umranden, fünf Minuten trocknen lassen und mit verschiedenfarbigem Zuckerguss auffüllen. Nach erneutem Trocknen Details wie Fensterrahmen, Tender usw. als dünne Glasurlinien aufspritzen.

RUSSISCHE PUPPEN
Mit Spritzglasur in verschiedenen Farben Kopf und Körper umranden, trocknen lassen. Gesichter mit weißem Zuckerguss, Körper in den jeweils passenden Farben ausfüllen, erneut trocknen lassen. Details wie Augen, Wangen, Knöpfe, Lippen, Nasen, Locken und Blumenmuster auf den Körpern mit Spritzglasur in verschiedenen Farben gestalten.

Prinzessinnenparty

Diese glitzernden Plätzchen lassen kleine Mädchenherzen höher schlagen. Und eigentlich sind sie viel zu schade, um sie aufzuessen. Unser erstes Paar Glitzerschuhe haben wir bei uns eingerahmt – es sieht nach über fünf Jahren noch immer glänzend aus!

Formen
Tanzschuhe
Schmetterling
Tiara
Ballerinakleid
Zauberstab
Flügel
kleine runde Ausstecher (für Ringe)

Rezepte
1 Grundrezept Vanilleplätzchen (lassen sich gut verschicken) oder Butterplätzchen (Seite 37, nicht so süß), ausreichend für ca. 24 Plätzchen (aus den Teigresten Ringe backen)
1 Grundrezept Royal Icing (Seite 21)

Spritzglasur
Pink
Flieder
Weiß

Zuckerguss
Weiß
Pink
Flieder

Deko
verschiedenfarbiger Glitzerzucker
Liebesperlen und alles, was kleine Prinzessinnen erfreut

TANZSCHUHE
Umriss des Schuhs, Absatz und Riemen mit pinkfarbener Spritzglasur aufmalen und trocknen lassen. Schuh mit pinkfarbenem Zuckerguss ausfüllen, mit farbigem Glitzerzucker bestreuen.

SCHMETTERLING
Flügel mit weißer Spritzglasur linienförmig aufmalen, mit silbernem Glitzerzucker bestreuen. Nach dem Trocknen mit pinkfarbener Spritzglasur die Flügelspitzen und Körperkonturen hinzufügen.

ZAUBERSTAB UND FLÜGEL
Zauberstab und Flügel in weißer und pinkfarbener Spritzglasur aufmalen, sofort mit rosafarbenem Glitzerzucker bestreuen. Überschüssigen Zucker vorsichtig abklopfen, mit Zuckergusstupfen kleine Zuckerperlen aufkleben.

TIARA
Bei der Tiara wie beim Zauberstab vorgehen: Verzierungen mit pinkfarbener Spritzglasur anbringen und mit passendem Glitzerzucker bestreuen. Dekor nach dem Trocknen mit lila Zuckerguss und Glitzerzucker ergänzen.

BALLERINAKLEID
Kleid zunächst mit Spritzglasur in Flieder umranden, unteren Bereich für den Saum frei lassen. Trocknen lassen und Kleid mit fliederfarbenem Zuckerguss auffüllen. Kleine Glitzerkristalle hineindrücken und trocknen lassen. Mit weißer Spritzglasur einen wellenförmigen Saum hinzufügen, trocknen lassen. Mit pinkfarbener Spritzglasur kleine Tupfen und den Gürtel aufspritzen, diesen sofort mit pinkfarbenem Glitzerzucker bestreuen.

Tipp: Glitzer immer nur auf kleine, feuchte Zuckergussstellen streuen, wenn der übrige Zuckerguss absolut trocken ist.

Mit Kindern backen

Die meisten Kinder sind in der Lage, Plätzchen mit einfachen Linien zu verzieren. Natürlich sind sie alle kleine Leckermäuler, die den bunten Zuckerguss unbedingt gleich kosten müssen. Binden Sie Kinder altersentsprechend in das Backen und Dekorieren mit ein. Den Kleinsten gelingt es oft schon, einfache Muster mit dem Spritzbeutel zu malen, während es größeren Kindern meist Freude macht, ganze Plätzchen alleine zu gestalten. Wer nicht viel Zeit für die Vorbereitung hat oder an einem Regentag improvisieren will, sollte kleine Tuben mit fertigem Zuckerguss in mehreren Farben vorrätig haben. Viele der im Buch vorgestellten Plätzchen-Kollektionen enthalten Anregungen für Kinder, die dann z. B. mit Blumen, Buchstaben und Zahlen oder Weihnachtskugeln ihre eigenen süßen Kunstwerke gestalten können.

FORMEN
Enten, Dinosaurier

REZEPTE
1 Grundrezept vom
Lieblingsteig; ergibt
ca. 24 kleine Enten und
16 Dinosaurier
1 Grundrezept Royal
Icing (Seite 21)

SPRITZGLASUR
Weiß, Maisgelb

ZUCKERGUSS
Weiß

DEKO
Glitzerzucker
bunte Zuckerstreusel
glänzende Liebesperlen
Süßigkeiten im Mini-
Format

ENTE
Enten in den Lieblingsfarben
dekorieren (siehe Anleitung
auf Seite 71). Je nach Alter
der Kinder müssen Sie ent-
scheiden, ob Sie selbst die
Plätzchen glasieren und die
Kinder diese dann mit Glitzerzucker, Zuckerperlen usw.
dekorieren oder ob die Kinder den Zuckerguss schon
alleine auftragen können.

DINOSAURIER
Mit weißer Spritzglasur ganz
einfach Gerippe und Zähne
aufmalen, nach Wunsch mit
Glitzerzucker bestreuen.

Verpackungsideen

ALTE PRALINENSCHACHTELN

Kleine Plätzchen passen wunderbar in die Aussparungen von Pralinenverpackungen. Schachtel außen mit Geschenkpapier bekleben, in jede Mulde ein hübsches Plätzchen legen.

HANDGEMACHTE UMSCHLÄGE

Der Plätzchengröße entsprechend einen dünnen Karton zurechtschneiden. Die vier Ecken so zusammenfalten, dass man das Plätzchen wie in einen Umschlag hineinstecken kann. Mit schönem Band oder Aufkleber verschließen.

HÜBSCHE BEUTEL

Kleine Beutel aus Organza oder Zellophan eignen sich hervorragend, um sie mit kleinen Plätzchen zu füllen. Oben mit einem geschmackvollen Band zusammenbinden.

PAPIERFÖRMCHEN FÜR MUFFINS ODER CUPCAKES

Zwei bis drei Plätzchen in bunte Papierförmchen legen, ein Band mit Schleife darumwickeln.

ZELLOPHANPAPIER

Plätzchen vorsichtig dicht nebeneinander auf einem Bogen Zellophanpapier aufreihen und darin einwickeln. Zellophanenden wie bei einem Knallbonbon zusammendrehen und mit einem hübschen Band zusammenbinden.

TRICHTERTÜTEN

Geschenkpapier zu spitzen kleinen Tüten zusammenrollen und falzen. Oben entweder zusammenfalten oder ein kleines Loch hinein bohren, zum Verschließen einen Faden hindurchziehen. Diese kleinen Tüten kann man wunderbar als Dekoration an Weihnachtsbäume oder Osterzweige hängen.

PLÄTZCHENKARTEN

Ein mit Zuckerguss fertig dekoriertes Plätzchen auf eine unifarbene Karte aus dickem Naturpapier legen. Zunächst den Umriss nachzeichnen, dann weitere Hintergrunddetails hinzufügen, z. B. Blumen für das Schmetterlingsplätzchen, einen Urwald für Dinosaurier, einen Zaun und einen Garten für das hübsche Haus. Den Umriss innen mit einer dünnen Zuckergusslinie nachmalen, um das Plätzchen auf der Karte zu fixieren. Zuckerguss trocknen lassen und die Karte vorsichtig in einen Umschlag stecken.

Schablonen

So ziemlich jede Plätzchenform lässt sich mit Spritzglasur und Zuckerguss dekorieren. Selbst entworfene Formen kann man damit detailreich ausgestalten. Dabei ist bei der Form auf eine eher schlichte Kontur zu achten, damit die Plätzchen beim Backen, Glasieren oder beim Transport nicht zerbrechen. Die Details lassen sich mit Glasur und Guss besser darstellen.

Nachfolgend finden Sie Schablonenvorlagen für viele der im Buch abgebildeten Plätzchen. Einfach Pergamentpapier über die entsprechende Vorlage legen, durchpausen, Umriss auf einen sauberen Karton (z. B. von einer Corn-Flakes-Schachtel) übertragen und ausschneiden. Schablone auf den Teig legen, mit einem scharfen Messer oder Skalpell – Vorsicht: sehr scharf! – außen herumfahren. Oder das Pergamentpapier einfach auf den ausgerollten Teig legen und mit einem dünnen Holzspieß den Umriss der Form nachziehen. Umrisse anschließend mit einem scharfen Messer ausschneiden.

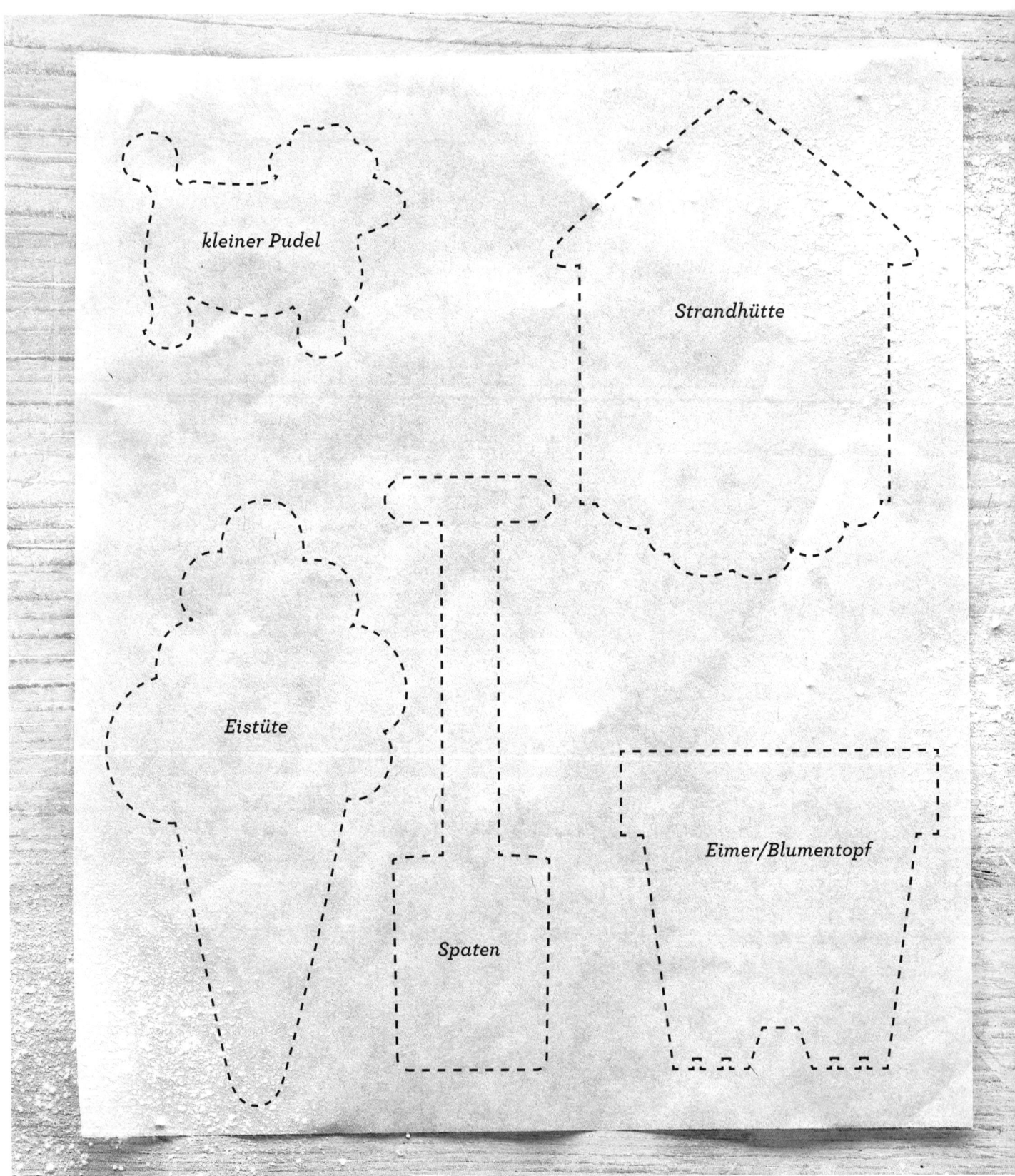

kleiner Pudel

Strandhütte

Eistüte

Spaten

Eimer/Blumentopf

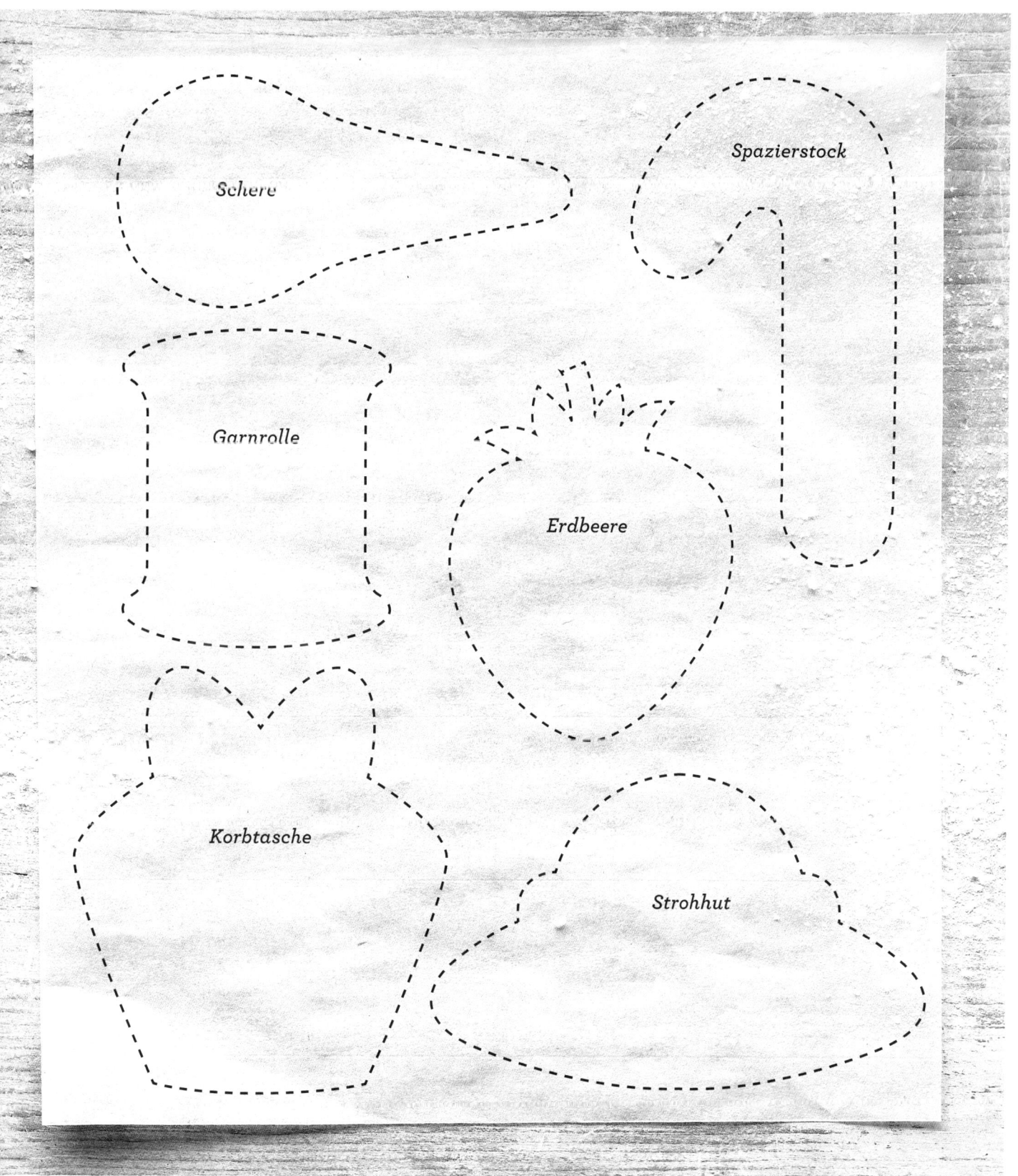

Schere

Spazierstock

Garnrolle

Erdbeere

Korbtasche

Strohhut

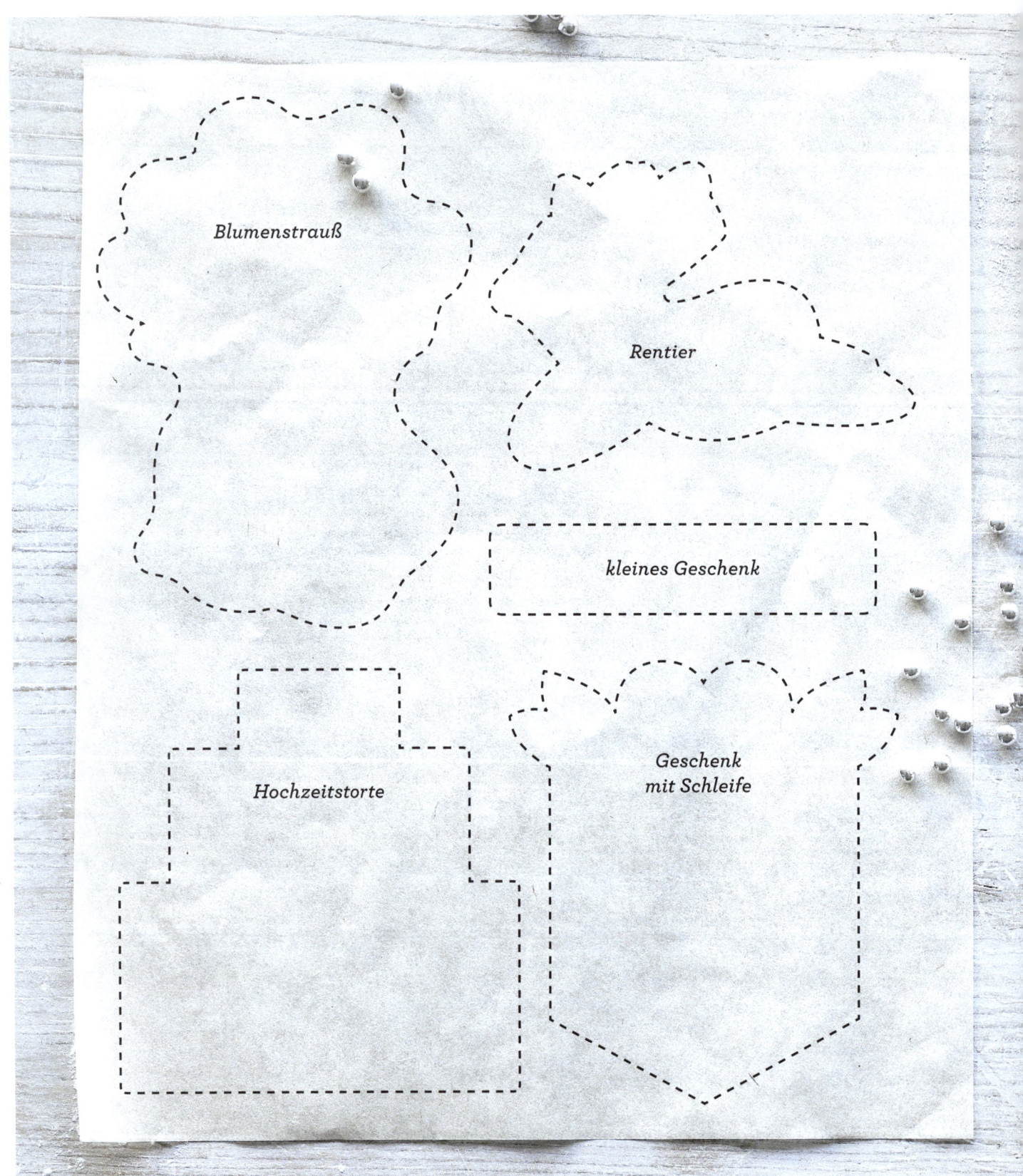

Blumenstrauß

Rentier

kleines Geschenk

Hochzeitstorte

Geschenk
mit Schleife

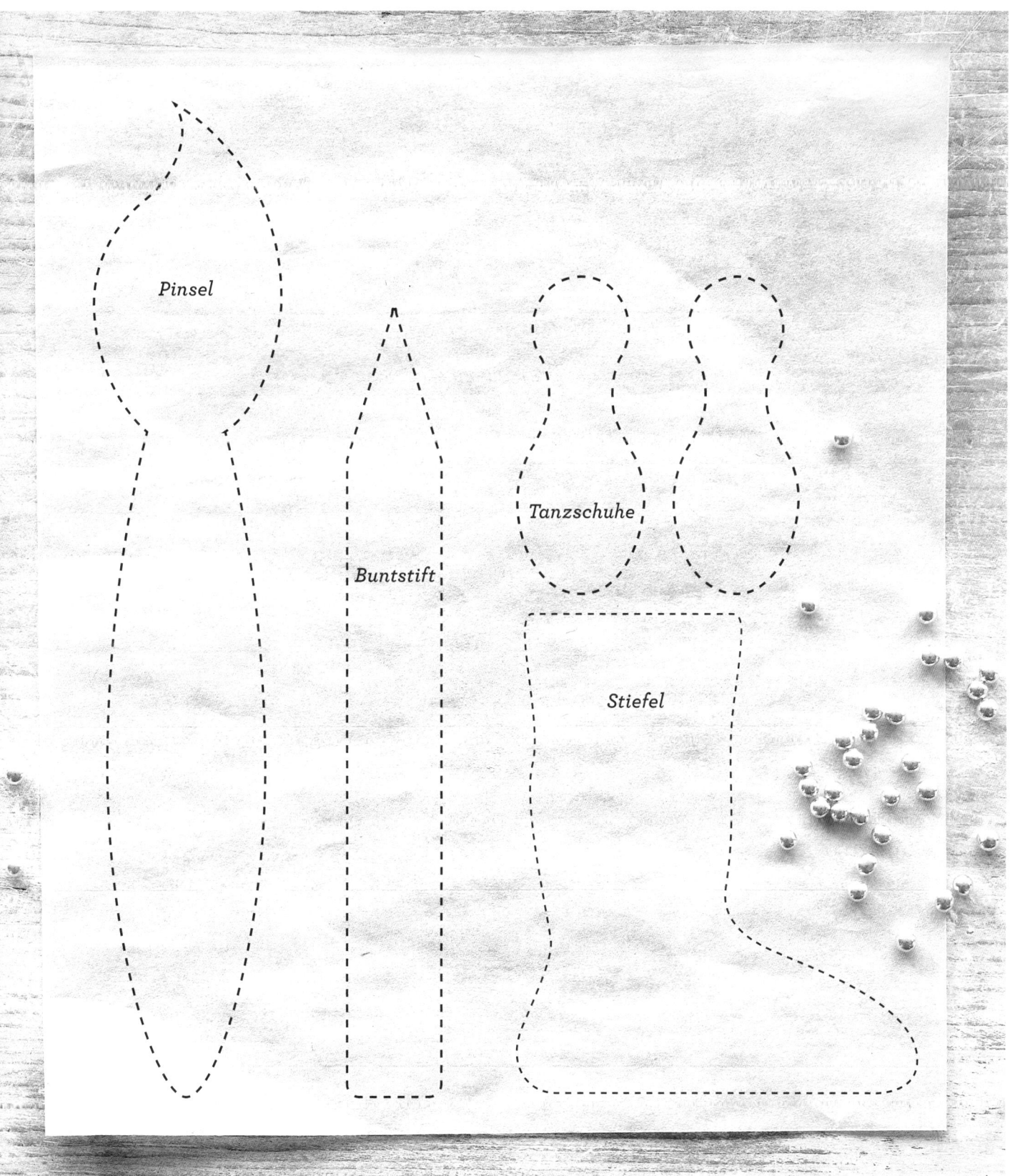

Pinsel

Buntstift

Tanzschuhe

Stiefel

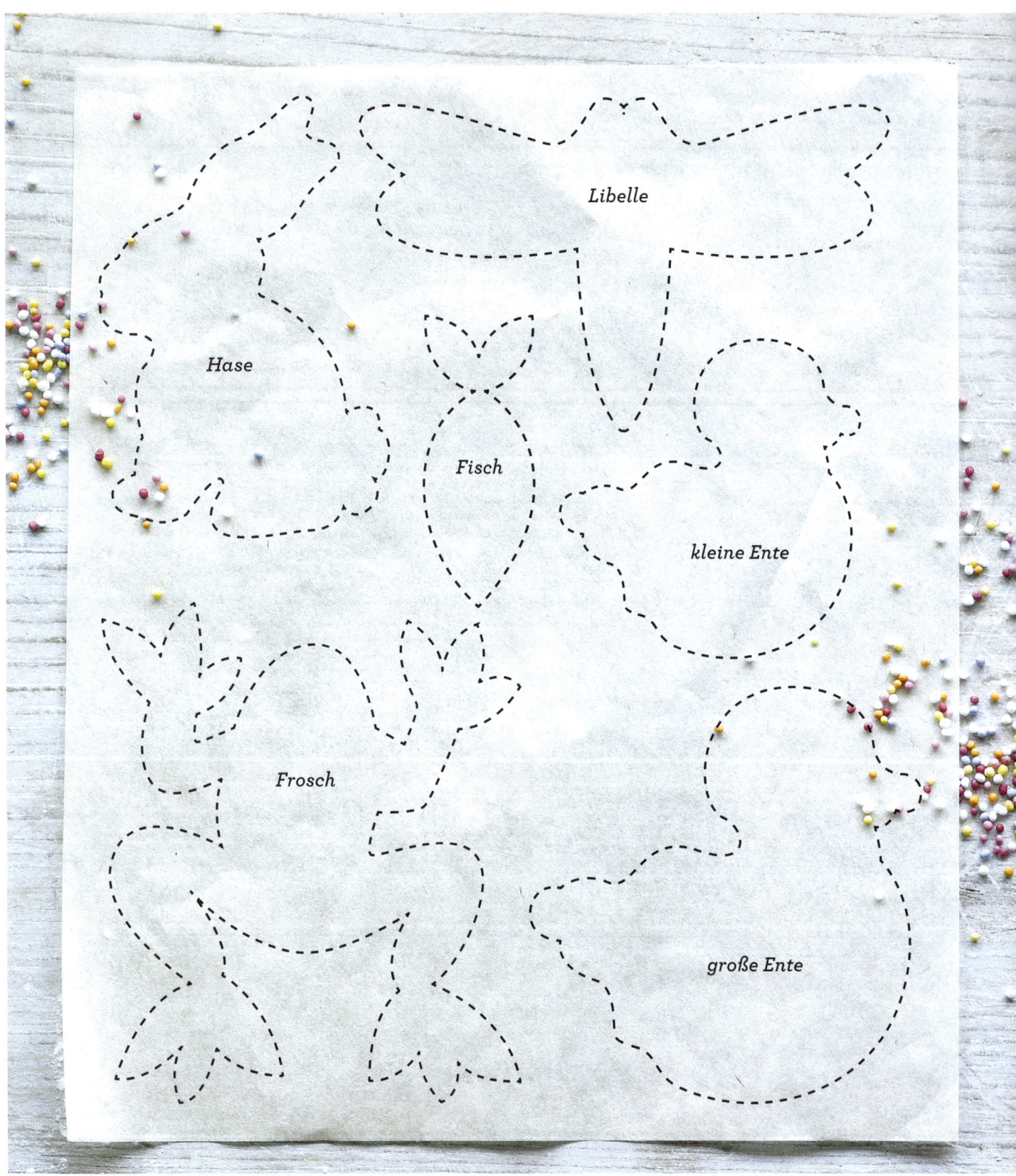

Libelle

Hase

Fisch

kleine Ente

Frosch

große Ente

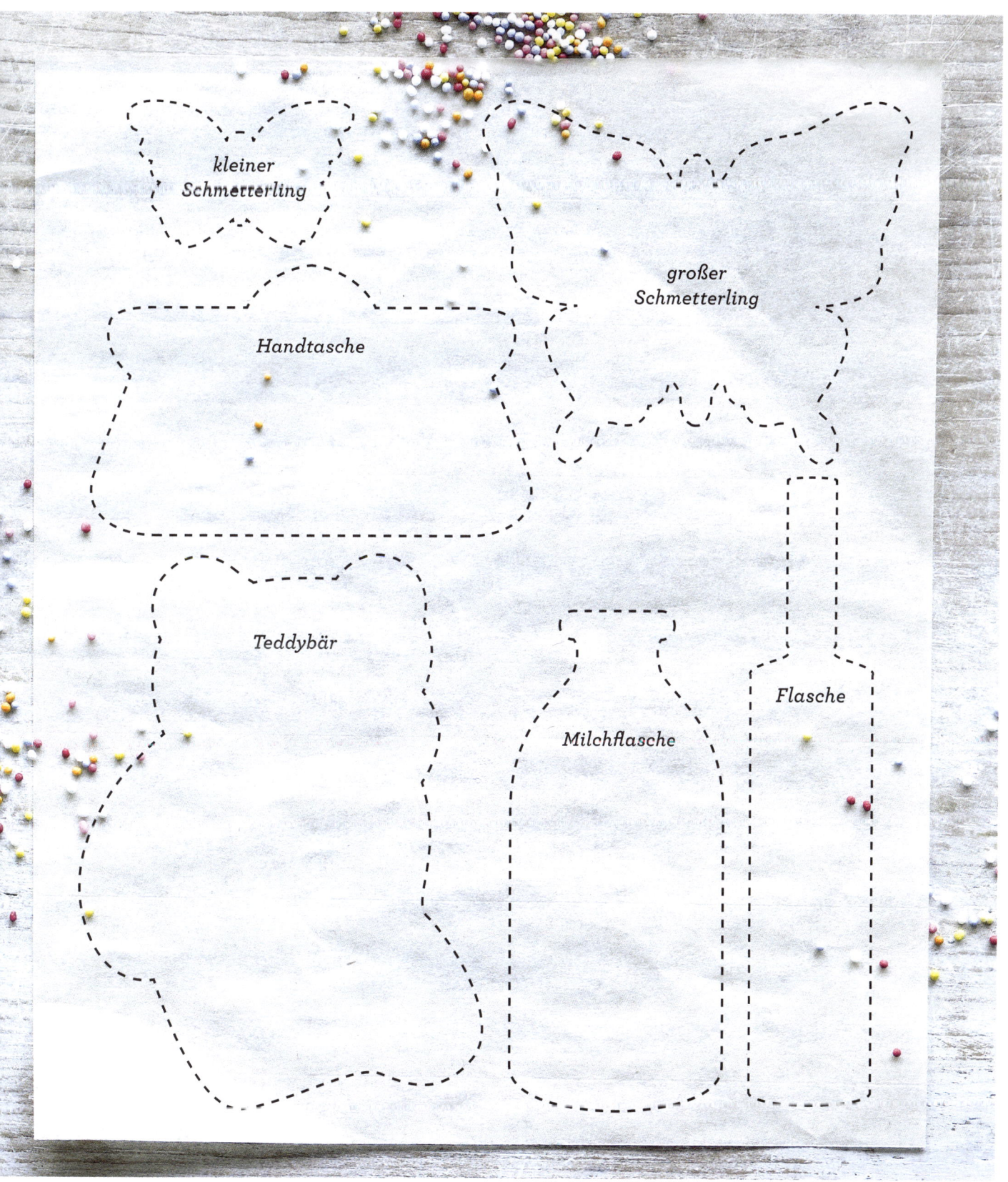

kleiner
Schmetterling

großer
Schmetterling

Handtasche

Teddybär

Milchflasche

Flasche

Eisenbahn

Flugzeug

Rennauto

russische Puppen/
Matrjoschkas

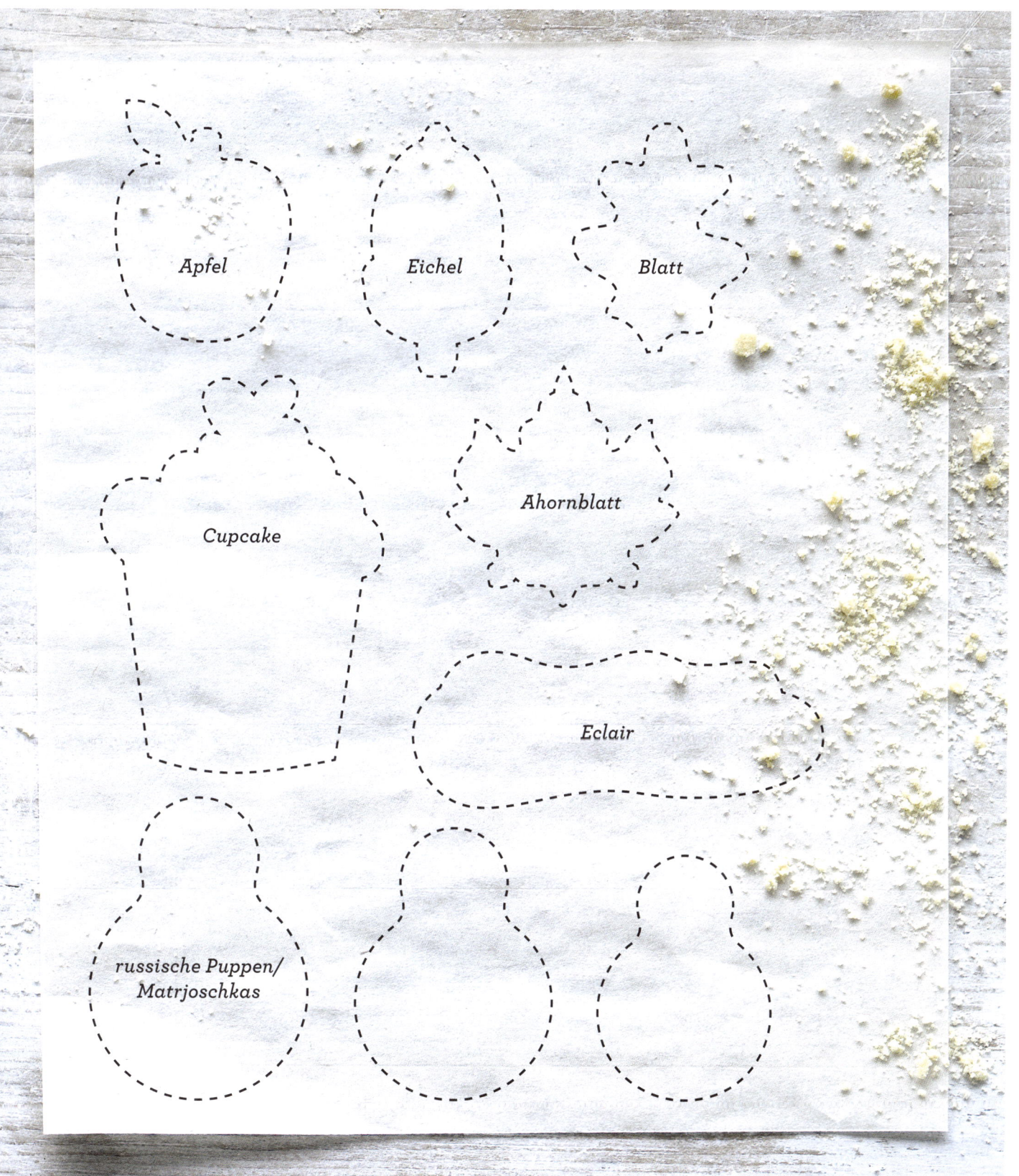

Apfel

Eichel

Blatt

Cupcake

Ahornblatt

Eclair

russische Puppen/
Matrjoschkas

Hinweise zu den Rezepten

HILFREICHE BACKUTENSILIEN

Backbleche
Backpapier
wiederverschließbare Döschen
    für essbare Zuckerdekorationen
feines Sieb
Formen zum Ausstechen
Frischhaltefolie
Gewürzstreuer
Holzlöffel
kleine Schüsselchen zum Anrühren des Zuckergusses
Kuchenrolle/Wellholz
Kuchengitter
handliche, kleine Messer
Palettenmesser
Pergamentpapier
Rührschüsseln
Spatel/Teigschaber
Spritzbeutel aus beschichteter Baumwolle,
    Papier oder Folie
Spritzflaschen
Teelöffel und Esslöffel
Tüllen
Waage
Zahnstocher/Holzspieße

ZUTATEN

Die in den Rezepten verwendeten Zutaten sind bei Spezial-
versendern erhältlich, die z. B. Zutaten für Cupcakes oder
Cakepops führen oder die Dekomaterial zum Tortenverzie-
ren anbieten. Auch in gut sortierten Backabteilungen großer
Supermärkte wird man oft fündig.
Wird die abgeriebene Schale von Zitrusfrüchten verarbeitet,
nur ungewachste und unbehandelte Bio-Produkte verwenden.

ABKÜRZUNGEN & MASSE

Alle Löffelangaben beziehen sich auf das gestrichene Tee-
bzw. Esslöffelmaß, falls nicht anders vermerkt.
Die Temperaturangaben dieses Buches sind in °C (Grad Cel-
sius) angegeben. Bei der Zubereitung im Backofen ist hier die
Temperatur eines Elektroherds mit normaler Ober- und Unter-
hitze gemeint. Bei Umluft kann sich die Garzeit verkürzen,
für den Gasherd sind die Angaben des Geräteherstellers zu
beachten. Den Backofen immer auf die angegeben Temperatur
vorheizen.

EL = Esslöffel
TL = Teelöffel
ml = Milliliter (1/1000 l)
l = Liter
g = Gramm
kg = Kilogramm
cm = Zentimeter
mm = Millimeter (1/10 cm)
ca. = circa

Stichwortverzeichnis